上智大学法学部教授
北村喜宣

自治力の発想

＊　パワーアップ　分権世代の政策法務　＊

信山社政策法学ライブラリイ
2
SHINZANSHA LAW & POLICY LIBRARY

信 山 社

はしがき

地方分権の扉が開かれた。自治体のなかには、眼前に拡がる大きな世界をみて立ちすくんでるところもあるし、思い切って飛び出して分権改革の追い風にうまく乗りつつあるようにみえるところもある。自己決定の責任の重さにつぶされそうなところもあれば、それをしっかりと受け止めて、可能性を現実のものにしようと、市民・議会・行政のそれぞれが創意工夫を重ねているところもある。

分権改革が革命的なものであるとするならば、自治体においてそれを推進するための作業も、これまでとは随分と異なった発想に立たなければならないはずである。どのような仕組みをつくれば、分権改革の成果を自治体現場に定着させることができるのだろうか。分権時代にふさわしい自治体運営のあり方とは、どのようなものであるべきだろうか。

正解などあろうはずはない。多様性が重要視される新世紀にあっては、市民・議会・行政が、それぞれの立場から、住民福祉の向上を目指して、試行錯誤を繰り返しながら、自治体を運営するための「自治力」をつけるのである。そして、それをサポートしリードすることは、新世紀の行政法学に課された大きな社会的責務といえよう。

私は、数年前から、環境法政策に関して、研究メモ的な文章を雑誌に掲載しているが、最近の内容をみると、そうした認識のせいか、分権改革を踏まえての法解釈や法制度設計に関するものが増えてきているように思う。本書は、新たな情報を踏まえ若干の加筆・修正をしたうえで、『自治力の発想』という書名のもとに、それらのいくつかをとりまとめたものである。

校正は、上智大学法学部北村ゼミの清水晶紀君のお世話になった。また、カットについては、元ゼミ生である横浜国立大学大学院国際社会科学研究科研究生の宮川恭之君の協力を得た。既出の文章の転載にあたっては、関係各社・各位に、格別のご配慮を賜った。謝意を表する次第である。また、私の研究活動に対する家族の変わらぬ協力にも、改めて感謝したい。

二〇〇一年　初夏

紀尾井坂の研究室にて

北村　喜宣

第1章

地方分権と自治体行政

1　シャブ中患者の禁断症状？
――通達なきあとの自治体行政

「機関委任事務＝諸悪の根源」説　今回の地方分権一括法制定に至る過程で、自治体は、機関委任事務制度の廃止を、強く求めていた。自治体が出した報告書や意見書を読んでみると、「総合行政をできなくしているのが機関委任事務制度の存在である。」というように、機関委任事務は、「諸悪の根源」と考えられていた面がある。

機関委任事務については、明文の委任規定なく条例を制定することはできないと解されていた。機関委任事務がアンタッチャブルであったからこそ、要綱による手続などを法律にもとづく申請の前に設けて、行政指導によって、より現場適合的な対応をしていたのである。そのあとに続く法律にもとづく審査のプロセスは、実質的には、空洞化・形骸化していたといってもよい。

ところが、機関委任事務が法定受託事務と自治事務に振り分けられ、そのいずれもが、「自治体の事務」とされた。とりわけ、自治事務の場合は、国の関与の程度も少ないから、自治体は、地域の特性に応じた対応を、条例を制定して行なうことが、可能になった。もちろん、それが法令に違反するものであってはならないことは、憲法九四条や地方自治法一四条一項の要請である。そうなると、重要になるのは、自治体が、関係法令をどのように解釈するかである。

機関委任事務制度の廃止の大きな効果は、名実ともに、法令解釈権が自治体にもたらされたことである。これまでも、学説では、機関委任事務制度のもとでも、自治体には独自の法令解釈権があると主張されていたが、慎重な現場実務の大勢は、もっぱら国の指示に従っていた。条例を考えるにしても、「石橋を叩いても渡らない。」どころか、「叩いているうちに石橋が壊れる。」ような感じであって、創造的な自治体法システムの構築は、なかなか実現できなかったのである。

ボールは自治体側に　これからは、法令解釈権を活用して、自治事務に関する条例を制定する余地が、格段に拡大する。「次善の策」でしかなかった要綱による対応を、条例に格上げすることが考えられるべきなのであろう。機関委任事務であるなら仕方ない面があるが、自治事務となった以上、審査プロセスを、空洞化したままにすることは許されない。それが、これまで、「機関委任事務制度を廃止せよ。」「地方分権が重要だ。」と言い続けてきた自治体行政の、市民に対する義務である。ボールは自治体側に投げられているのである。

もちろん、中央官庁にも、法律についての解釈権がある。政省令もある。もっとも、それも、地方自治の本旨および国と自治体の役割分担原則に従い、総合的政策主体である自治体が地域特性に応じた事務処理ができるように展開されなければならない。改正地方自治法一条の二第一項および二条一一～一三項が規定す

シャブ中患者の禁断症状

るところである。この四つの項は、過小評価されるべきではない。自治体の法令解釈にあたって、十分に踏まえられるべき基礎である。

条例案策定にあたっての法令の自主的解釈作業は、多くの自治体にとっては、未知の経験になろう。ここで国に相談しようものなら、まさに、「飛んで火にいる夏の虫」である。我慢が大切である。ただ、「通達注射」の心地よさに慣れた自治体職員に、それは、可能だろうか。

「ウウッ、通達が欲しい！」　通達がこないこれからこそ、自治体の政策法務能力が問われる。「ウウッ、通達が欲しい！」という禁断症状になるかもしれない。各省庁編集の「参考書」や技術的助言にすがりたくなるかもしれない。しかし、それを乗り越えてはじめて、自己決定権を確立することができる。地方分権を自分のものにすることができるのである。依るべき権威は、自らの創意工夫でつくり出さなければならない。

2 「葵の御紋」はどこにある？
——機関委任事務の廃止と自治事務化

面従腹背？　「総合的行政」は、あるべき行政の理想像のようである。国にせよ自治体にせよ、研究報告書のタイトルに、「総合的……を目指して」的な名前がつけられることは、めずらしくない。

機関委任事務制度があった時代には、そのもとでの縦割り法律が現場のニーズに適合していないことをもって、「総合的対応を妨げる機関委任事務制度」という言い方がされていた。しかし、そうした言い方とはうらはらに、実際には、自治体の原課は、機関委任事務制度のもとで、「安心して」事務を遂行していたのではないだろうか。

たしかに、自治体は、首長のもとでの大統領制的な体制をとっているから、「総合的対応」なるものが、分担管理原則をとる国よりもやりやすいようにみえる。ところが、首長がそうした対応を積極的に推進する姿勢をみせているならば別であるが、そうではない場合には、原課は、企画部門お得意の「総合調整」につきあいつつも、基本的には、法律所管官庁（いわゆる「本省」）が出す通達や行政実例に従っていたのである。

頼って安心お国の権威　法律にもとづく申請の前段階で、要綱なり条例によって行政指導をつうじた「総合調整」が行なわれる例は、少なくない。そこでは、正面から義務づけると違法かもしれない内容が、指導により求められることがあった。調整の場には、原課担当者も出席しているが、上乗せ・横出し的内容に、事業者が任意で従っているかぎりは、とりたてて問題にすることはない。事前手続がつつがなく終了したあとは、個別法律にもとづく申請となるが、実質的審査はすでに終わっているから、審査自体は、形式的である。空洞化しているといってもよい。しかし、このプロセスには、重要な意味がある。すなわち、そこでは、法律および本省の解釈に従って処理がされるのであって、自分たちの仕事は、究極的には、本省によって権威を与えられている。間違った処理をしていないことが、確認できるのである。

国から自治体に出向した経験を持つ官僚の何人かに印象を聞くと、「自治体では、縦割り意識が国よりも強い。」というコメントが多い。首長が強力に政策を推進しているのならばそれに権威を求めていても安心であるが（それに反することは、人事評価を考えると得策ではない。）、そうでない「平時」においては、国に権威を求めるのである。機関委任事務制度があるときは、それも可能であった。というよりも、団体委任事務であっても、国の見解は大きな影響力を持ったから、とにかく、法律の実施である以上、「国の言うこと」が絶対だったのである。

求められる「ひとりだち」　さて、地方分権である。機関委任事務制度の廃止によって多くの事務が自治事務となった現在、そうした状況には、変化があるのだろうか。これまでの事前手続は、法律にもとづかない自治事務であって、それは、機関委任事務である法律が「必要かつ十分」ではないと自治体側が認識していたために設けられていた。ところが、機関委任事務の自治事務化により、国が関与の手を引き、国と自治体との対等関係が実現し、その結果、総合調整を正面からすることも可能になった。組織法的には、霞が関の有権解釈にしばられることなく、独自の法律解釈によって、制度を組み立てることができるようになったのである。

そうしたことが、地方分権時代の自治体に求められているのは、明らかである。ただ、地方分権担当はさておき、原課がそのような意識を持つことは、容易ではないのが現実だろう。原課の意識が改められないかぎりは、真の意味での「総合的対応」の実現は、おぼつかない。

合法的中央統制のおそれ　法律や有権解釈に自らの仕事にとっての「葵の御紋」を見出してきた自治体職員は、これから、何を「心の支え」にして仕事をするのだろうか。通達に代わる「技術的助言」（地方自治法二四五条の四）を待つのだろうか。それに従うとなると、「合法的な中央統制」という結果になるおそれがある。それにもとづいて進められる地方分権であるとすれば、それは、地方分権の名に値しないというべきであろう。分権時代の「葵の御紋」は、総合的対応の実現を目指して、自らの工夫でつくるものなのである。

3　そこを何とか………
――技術上の助言検討委員会での出来事

及び腰の国　二〇〇〇年度になって、中央政府と自治体との関係では、通達が、廃止された。これまで、機関委任事務制度のもとで、下級行政機関である自治体を法的に拘束していた通達から、自治体は、解放されたのである。「通達でがんじがらめになっているので総合的なまちづくりができない。」といっていた自治体であれば、たとえば、自治事務となったものについては、自らの創意工夫を発揮しようと、腕まくりをしているのかもしれない。

しかし、そうでないところが多いことも、また現実である。ひとつの（例外的だと思いたい）出来事を振り返ってみよう。私は、自治事務に関する技術的助言づくりに関係するある省の検討委員会に招かれて、専門的立場から議論に加わっていた。その省の担当課が事務局となり、いくつかの県の関係課課長等もメンバーに入って、どのような内容が望ましいかについて、数度の検討会を持ったのである。

何といっても自治事務である。技術的助言であるから、法的拘束力はない。とはいっても、一旦作成してしまえば、現場実務に対して、事実上の影響力はあるから、事務局も、たたき台原案に、「国が示す技術的助言として過度の干渉になっていないか。」といったコメントをつけて、その内容については、殊勝にも（？）慎重な対応をしていたのである。

追いすがる自治体

実際、原案は、かなり抽象度の高いものになっていた。自治事務であり、決定権は自治体側にあるのだから、原則的なことのみを記して、あとは自治体の裁量に委ねるという方針であったのだろう。ところが、参加していた自治体メンバーからは、「もっと詳しく規定して欲しい。ただ、それだけでは硬直的になるから、例外的場合が設けられるような規定も入れてほしい。」といった意見が、多く出されたのである。オブザーバーとして参加していた関係省に対しても、「県庁内の調整基準を示して欲しい。」といった要望まで出された。私は、「これは、自治事務なのですから……」というタテマエ論を述べたが、耳を貸してもらえない。さすがに、事務局側は、あくまで自治事務に関する技術的助言というタテマエを強調し、踏み込んだ記述にすることは、避けたのである。

分権改革によって、自治体は、「自分の頭で考える」ことが求められた。ただ、足腰が強くなっていないのにいきなり「立て」といわれても、それは無理というものであろう。「自治事務だけれども、そこを何とか……」と懇願（？）する自治体側の気持ちも、わからないではない。

庁内調整のコスト回避？

中央省庁の方で詳しいものを提示してほしいという言い方は、どのような発想から出てくるのだろうか。事務局や自治体のメンバーと雑談をしていると、どうも、庁内を説得するためのコストを回避するために、「葵の御紋」を求めているようなのである。抽象的な文言だと、解釈の余地が生まれる。庁内には、ほかの部課もあり、そこは、担当課の解釈に反対かもしれない。しかし、「国がそう言っている。」といえば、そこで「思考停止」となり、調整するコストをかけなくて済むし、責任も負わないでいい。

そうした事情があっての発言だったのだろう。とすれば、機関委任事務時代と、基本的に変わっていない。**「苦しゅうない。近こう寄れ。」**？　もっとも、穿った見方もできないわけではない。すなわち、中央省庁としては、あくまで「一歩引いた」スタンスを装いつつ、自治体側からの「もっと詳しくしてほしい。」という要望を引き出し、「それほどまでにおっしゃるならば……」ということで、より詳細な内容を提示するのである。そうなると、こうした検討会は、一種の「儀式」ということになる。

タテマエでいえば、法令を自主的に解釈して運用すればよいのであるが、そうもいかないのが現実である。「シャブ中患者の禁断症状」を目の当たりにしたような気がして、何ともすっきりしない検討委員会であった。

4　追えどもつかめぬ幻か？
――「総合性」の中身

「総合性」とは何か？　今回の地方自治法改正によって、国と自治体の役割が、明確にされた。そのなかでも、とりわけ注目されるのは、自治体を、「地域における行政の総合的実施主体」と位置づけたことである

（一条の二第一項）。この点は、地方分権推進法四条でも述べられていた。かねてより、自治体には、「機関委任事務制度があるために総合的対応ができない。」という不満があったが、同制度の廃止によって、「総合的な対応」の可能性が出てきた。

ところで、「総合性」とは、どのような内容を持つものなのだろうか。自治体が夢見ていた「総合的対応」とは、どのような内容のものなのだろうか。自治体の側も、それほど詰めて考えてはいなかったようである。実体は、必ずしも明らかではない。しかし、「総合性」は、今後の地方分権推進の大きなキー・コンセプトである。以下では、（相互排他的ではないが、）いくつかの観点から、「総合性」を整理してみよう。

主体と総合性　第一は、主体に関する「総合性」である。今後、権限が自治体に移譲された場合には、分担管理をする省庁よりも総合的な主体である首長が権限を持つことから、次にみる「総合的な目的・理念」を、法律に違反しないように工夫して創出して、より自治体現場に適合的な対応が、可能になる。中央省庁再編は、そうした対応を支援するように機能する。

目的・理念と総合性　第二は、目的・理念についての「総合性」である。法律は、それぞれの趣旨目的を持っているが、地域の福祉の向上のためにそれらを活用するという観点からは、それらに横串を通すような目的・理念を、自治体レベルで持っておく必要がある。個々の法律の目的をたんにモザイク的に統合した「総合性」ではなく、市民参画を踏まえて、それらを融合して新たな内容をつくりだすことが、目指されるべきである。その表現メディアは、一義的には決まらない。自治基本条例やそれに根拠を持つ基本計画は、有望な手段である。

時間と総合性　第三は、時間に関する「総合性」である。これからの自治体政策については、「政策立案

→法政策化→条例化→実施チェック→フィードバック」という一連のサイクルが、より重視されるべきである。時間軸にそった「政策管理」ということができよう。

空間と総合性　第四は、空間に関する「総合性」である。都道府県と市町村の対等性に鑑みれば、とりわけ、都道府県政策において、より現場に密着してその実態を把握することができる市町村の政策への配慮が、求められる。また、環境空間は、県境を超えて展開するのであるから、その連続性を踏まえた水平的調整も、重要である。

権限と総合性　第五は、権限に関する「総合性」である。機関委任事務時代には、内部事務委任されている各部局が、「省庁を背負った」主張をするために、うまく調整ができないことがあったし、根拠法令と中央省庁の有権解釈に拘束されていた。そこで、「総合性」が発揮できる場は、指導要綱などを適用する事前手続に限られていた。「法律にもとづく事務」は、「総合性」の対象外だったのである。地方自治法の改正によって、立法・運用・解釈の原則が明記された（二条一一～一三項）。今後は、総合的な政策目的・理念を踏まえて、地域の特性に適合する政策が可能なように法律を解釈し、それを条例化することによって、ローカルなハード・ルールをつくることが、望ましい。周到な解釈にもとづいて、他事考慮といわれかねなかった措置を正面から規定できるのも、権限の総合化の方向である。

行政法学と総合性　行政法学的には、こうした諸点について、行政組織論、行政計画論、行政手続論、法技術論が展開されることになる。地方分権は、立ち上がってよろよろと歩みだした赤ちゃんのような状態である。足取りも定かではない。自治体が自らの努力によって足腰を強くすることはもちろんであるが、それを理論的にサポートする努力が、学界にも早急に求められているのである。

5　かっこを外せ!
――地方分権と横断条項

「横断条項」とは何か?　一九九七年七月の環境影響評価法制定以降、それまでの環境影響評価要綱を条例化したり、新たに条例を制定する自治体が、相次いでいる。環境省によると、二〇〇一年三月三一日現在、法律に対応して、条例を制定している都道府県・政令指定都市は、五九自治体となっている。要綱はなくなった。

その内容は、環境影響評価法に大きな影響を受けている。同法の特徴は多くあるが、注目されている規定のひとつとして、「免許等に係る環境の保全の配慮についての審査等」(三三条)がある。この規定は、環境影響評価書などの結果を、免許などに反映することができるとするものである。すなわち、処分要件を満たしていれば許可しなければならないと根拠法に規定されていても、「環境配慮されているかどうか」を審査基準に加えて、それをもとに不許可処分をすることもできるのである。環境影響評価法のこの規定は、関係する許認可法に横串をさすように新たな規範を導入することから、「横断条項」とよばれている。

機関委任事務時代の限界　最近に制定された環境影響評価条例の多くは、この横断条項を規定している。ただし、それが条例にもとづくものである以上、審査書ないし評価書の結果を審査にあたって配慮できる許可などには、制限がある。条例制定時には、まだ機関委任事務制度が存在していたが、法律にもとづいて知事に機関委任されている許可処分には、条例にもとづく横断条項を適用することができない。機関委任事務については、法律の委任がないかぎり、条例を制定できないと考えられていたからである。

機関委任事務を対象外とする規定方法は、大別して、二種類に分けられる。第一は、「当該許可等の権限を有するとき（国の機関として行使する当該許可の権限を有するときを除く。）」のように、かっこ書きで除外する方法である。第二は、条例にもとづく事務か機関委任事務かの区別を表記上しない方法である。

第二の方法では、当該開発事業に関する許可が条例にもとづくものであろうと機関委任事務であろうと関係ないようにみえる。しかし、機関委任事務は当然に除外すると理解されている。

分権時代の対応のあり方　ところで、一九九九年七月に、地方分権一括法が制定され、機関委任事務制度は、二〇〇〇年三月末をもって廃止された。そうなると、機関委任事務である許可を除外している条例はどうなるのだろうか。

機関委任事務が法定受託事務になろうと自治事務になろうと、それが「自治体の事務」であるかぎりは、環境影響評価条例にもとづくアセスメントの結果を許可などの裁量判断にあたって法的に取り込むことは、可能である。それにより、環境基本条例で規定されている行政の環境配慮義務は、きわめて具体的に、そして、広範囲にわたって制度化されるのである。かっこ書きを外す改正は、まるで、将棋の「成り金」のようなものである。ただ、それが法律にもとづく許可である以上、その対応が法律に違反しないことは、審査基準をつくって解釈として確認する必要がある。

環境影響評価条例案の準備作業中には、機関委任事務制度を廃止する地方分権を睨んだ議論は、あまり庁内ではされていなかったようである。開発サイドとしては、横断条項自体は法律にもあるから仕方ないとしても、条例では機関委任事務が適用除外されるから問題は少ないと考えていたのだろう。環境サイドの認識がどうであったかは、様々であるが、意識していたとすれば、見事な「作戦勝ち」である。これから条例を制定する自治体にあっては、横断条項を入れたものにしないと、ほかとくらべて見劣りがするだろう。

6　自治体あっての今なのに!?
――環境庁と地方分権推進委員会

談判当事者の述懐　地方分権推進委員会が地方分権推進計画をまとめる過程では、委員会側が、各省庁担当者側と、決着がつくまで「膝詰め談判」をし、機関委任事務を、国の直接執行事務・法定受託事務・自治事務に振り分けていった。公式の会議録が存在しないこともあり、その正確な内容は、ブラックボックスのなかであるが、関係者の論文や座談会での発言からは、当時の環境庁が、委員会にとって、「実にものわかりの悪いかたくなな官庁」のひとつであったように伝わってくる。

たとえば、くらしづくり部会長である大森彌は、「環境庁との折衝で判明したことは、生え抜きの環境庁官僚が地域・自治体における開発志向の強さに極めて強い懸念を持っていること、環境庁自体が他の国の事業官庁に対して権限的にも弱い立場にあること、そうしたことが自治事務化でなく法定受託事務化に固執させる背景事情にあったと思われる。」と述べている（西尾勝（編著）『地方分権と地方自治』（ぎょうせい・一九九八年）二四四頁）。

地域づくり部会長である成田頼明は、他省庁分の機関委任事務についてはかなりの程度自治事務化が確定した第二次勧告後、「環境庁はある段階から非常に強く直接執行を主張してまいりました。……環境庁は、……省になりたい、そのために仕事をたくさん抱え込んで、何とか省にする根拠にしたい、という意図もあったのではないか」と述懐している（『分権改革と第二次勧告の意義：第一次勧告もふまえて』（地方自治総合研究所・一九九七年）二〇頁）。

当然のことかもしれないが、環境庁は、こうしたコメントへの反論を文章の形では出していないので、交渉の実態は、残念ながら一方的評価となってしまい、必ずしもフェアではない。ただ、私自身、公式の会議の席上で、環境庁のある課長が、地方分権に関して、「自治体は開発志向で信じられない」旨の発言をしたことを記憶しているので、関係者が指摘するようなスタンスであったと推測される。

走る自治体・追う環境庁　環境行政の歴史をみれば、現場での対応に苦慮する自治体のなかで先進的なところが具体的施策を開発し、それが、ほかの自治体にも伝播・波及し、最後に、国が法律で対応するという流れが、明確に存在する。例としては、湖沼水質保全施策、スパイクタイヤ対応施策、環境アセスメント施策をあげることができよう。自治体の実績を「追い風」として省庁間折衝に臨み、法律が制定できたと評価しうる部分は、かなり多いのである。不信感は、むしろ、先進的自治体が環境庁に対して抱いていたといってよい。もちろん、全体としてみれば、開発志向の自治体が多いのであり、国の法政策に影響を与えるような措置を講じたのは少数にすぎないことも、これまた事実である。環境ＮＰＯなどは、環境行政の運用における後退をおそれて、国の関与を強めることを求めていたのである。このあたりは、行政依存度が高い日本のＮＰＯの限界を感じさせる。

角を矯めて牛を殺す？　しかし、だからといって、「開発指向の自治体もあるから」「ＮＰＯもそういっているから」という理由で、自治事務化に消極的な態度をとるのは、現在ある法政策の将来における進化・発展の芽をつむことにはならないだろうか。省に昇格して人員面での純増があるとしても、直接執行にしたことは、執行に支障を与えないだろうか。さらに、行政と事業者と市民のパートナーシップによって、環境行政を進めるという環境行政の流れにも反しないだろうか。

地方分権における環境庁の姿勢は、自らの発展可能性を自ら否定しているように思われるとともに、法律の実施責任を行政だけに求める議論に固執しているように感じられる。

第2章　自治力アップ戦略

1　自治力養成ギプス！
——自治体の星を目指して

「私待つわ、通達を待つわ」

「職員の意識改革が必要」という指摘が、地方分権の流れのなかで、首長・研究者・自治体職員のそれぞれから、しきりになされている。たしかに、それは、そのとおりである。しかし、重要なのは、いかにしてそれを実現するかの戦略である。「かけ声」だけでうまくいくのならば、不祥事などは再発しない。

数十年にわたる「機関委任事務体質」は、自治体職員の遺伝子に、深く刻みこまれている。ちょっとやそっとの対応でそれが変容するのでないことは、当の職員が、一番よく実感しているだろう。通達が廃止され、国＝自治体関係が対等関係と整理されても、ヒット曲の「待つわ」（古くてすみません）ではないが、「きっと何か文書がくるはずだ」とじっと待っているような現場は、決して例外ではない。

体質改善のススメ

そこで、何らかの制度を整備することによって、体質改善を目指す必要がある。どのような措置が考えられるのだろうか。第一は、滋賀県などで導入され、最近、注目されている「パブリック・コメント制度」である。修正余地を十分に残した案を必要な情報とともに公開して市民のコメントを求め、それを踏まえて最終決定をするというこのシステムのもとでは、当該案の合理性・適法性を、国の力をかりずに「自分の言葉」で説明しなければならない。

第二は、庁内の条例案策定・審査体制の改革である。地方分権によって、これまでの条例論が変わる。法令審査部署は、古典的で消極的な審査をしていたが、これからは、分権時代にふさわしい条例論を踏まえ、企画サイドと連携した組織となるべきである。

第三は、上下意識を断つための工夫である。二〇〇〇年四月一日以降も、法的財政的裏づけなく、サービス的作業を求める国や県の自覚のない実務が、継続されている。この点に関し、（神奈川県）横須賀市は、「国県からの法令に基づかない事務の委託等に関する取扱いについて」（総務部長通知）を出し、委託契約の締結や委託費の支払いを求めるようにしている。

第四は、実務直結型の職員研修である。抽象的な行政法理論ばかりを講ずる時代ではない。その時点での法整備状況を踏まえつつ、理論的にもしっかりした法政策をつくる実践的な内容にする必要がある。

第五は、情報公開の充実である。一九九九年に制定された東京都情報公開条例は、「都政に関し都民に説明する責任を全うするようにし、都民の理解と批判の下に公正で透明な行政を推進し、都民による都政への参加を進めるのに資すること」を目的としている。条例が地方自治の本旨に即したものであることとも明記されている。具体的運用は別にしても、このような認識は、重要である。

第六は、市民のエンパワーメントである。職員研修への参加を促進することやNPO活動への支援態勢を整備することがあげられる。

鍛えよ自治筋！　職員と市民の政策法務能力を高め、自治体を分権モードに変換するこのような一連の措置を、私は、アニメ『巨人の星』の「大リーグボール養成ギプス」（激・古くてすみません）になぞらえて、「自治力養成ギプス」と呼んでいる。スプリングのそれぞれは、情報公開条例であり行政手続条例である。パブリック・コメント制度であり庁内の諸制度である。スプリングの強さは、筋力の養成状況をみきわめたうえで決めるべきである。はじめからあまりに強いと、効果を発揮しない。

団体自治を確かなものにし、住民自治を推進するためには、自治体職員はもとより、住民に関しても、「自治力」という筋力を増強する必要がある。自治筋アップのためには、自治体それ自体にガッチリとした「自治力養成ギプス」をはめ、「自治体の星」を目指して、日常的にトレーニングを重ねることが、重要なのである。

2 外圧か内発か？
――分権型自治体への変革シナリオ

開かれた分権の扉　分権改革によって、自治体の条例制定権が拡充された。環境行政においても、従来、法律および機関委任事務制度の制約のなかで、「窮屈な想い」をしてきた自治体であったが、「法令に違反しない」という制約はあるものの、自由な政策選択を条例化する可能性が、格段に拡がったのである。

地方分権一括法制定後の一九九九年度、自治体は、手数料条例の制定など、新年度からの分権時代を迎えるにあたっての最低限の準備作業に追われていた。それが一段落した二〇〇〇年度以降は、地域の特性に対応した独自の政策を条例化する作業が進められることが、期待されるのである。それでは、新たな自治体法政策は、どのようなシナリオに従って誕生するのだろうか。

外圧型変革　第一に、分権改革という「外圧」によるものが、想定される。

行政手続法および行政手続条例の制定によって、透明性・公平性に欠ける面があったそれまでの要綱行政は、変革を強いられることになった。この場合は、行政手続法制適合的に行政体制を変えなければ、それが違法・不当と評価される可能性があったのである。たとえば、神奈川県では、かねてより、「県土の均衡ある発展と県民の福祉の向上」を目的として、庁内横断的組織による「土地利用調整システム」を運用してきたが、行政手続法および同県行政手続条例の制定を受けて、一九九六年に、土地利用調整条例を制定した。これは、一種の外圧型変革ということができる。この場合、重要なのは、もしも変革をしなければ、「違法」という評価がされうることである。

しかし、分権改革についていえば、従来の運用を変えなくても、それが「違法」となるわけではない。「行政指導は従われているし、特段困っていないので、現行体制を変える予定はない。」という原課は多いが、それは、そうした事情を踏まえてのことであると思われる。このように、「機関委任事務制度の廃止と自治体の事務化」は、少なくともそれだけでは、外圧として機能しにくいように思われる。

内発型変革　そうなると、第二に、内発的に条例化が模索されるというシナリオを考えることができる。「自治体の自己決定・自己責任の増大」「透明性・民主性・答責性・応答性」「住民自治の充実」といった分権時代の政策理念の具体化の必要性を痛感する職員グループが、従来の法システムを、分権改革の趣旨および改正地方自治法に照らして再解釈し、自治体法政策の可能性を追求するというパターンである。「機関委任事務についてはは条例制定ができないから、事前手続要綱で対応する。」といった従来の実務のあり方の妥当性も、検討されることになろう。内発型変革である。

どちらかといわれれば、分権改革の趣旨に鑑みて望ましいのは、内発型変革である。ただ、数十年の機関委任事務体制にどっぷりと浸かっていた自治体組織に、いきなり「あっち向いてホイ!」といっても、すぐに「分権モード」に切り替わるわけではない。

期待されるのは、市民とのインターアクションである。「国が・県が」と言い訳をすることができなくなったことを、市民は、徐々に認識しつつある。

どこまで本気かどうかは別にして、多くの自治体では、首長や幹部職員を含めて、「市民は行政のパートナー」と言ってしまった。それを逆手にとるわけではないが、意識の高い職員が、パートナーとの議論を外圧にしつつ、政策理念を踏まえて内発的に法政策の模索をする。これが、これからの自治体法政策づくりの実現可能なパターンではなかろうか。

3　議会の軽視か活性化か？
――パブリック・コメント制度と条例案

求められるオープンなプロセス　自治体の政策決定過程は、必ずしも透明性が高いとはいえない。どこで何がどのようにして決められているのかわからないし、決定にあたって、市民の意見を聴取することも、されたりされなかったりである。まるで、「行政に任せておけ。」といっているようにもみえる。

しかし、行政が、政策決定に必要な考え方・情報・知識を排他独占的に持っているとはかぎらない。よりよい決定のためには、そうした情報などを社会一般に広く求めることが、必要である。また、アカウンタビリティの観点からは、提出された意見にどのように対応したのかも、知らせる必要がある。そして、それらは、アド・ホックにではなく、手続的に制度化されていることが、望ましい。

先行した国の制度化　国においては、一九九九年三月に、「規制の規定又は廃棄に係る意見提出手続」（パブリック・コメント手続）を閣議決定し、「広く一般に適用される国の行政機関等の意思表示で、規制の設定又は改廃に係るもの」について、最終的意思決定前に案や基礎資料などを公表して意見・情報を募集し、それに対する考え方も公表することになった。

国のパブリック・コメント制度で対象とされているのは、政省令・告示・審査基準・処分基準などである。一般的ではない、あるいは、行政機関ではないということで、個別具体的処分・計画、そして、懇談会などの意見や法律案などは、基本的に、対象とされていない。

問題となる条例案　パブリック・コメントに関しては、自治体の方が遅れている。行政手続条例のなかで、要綱策定などへの参加を訓示規定的に定めていたところはあるが、一般的ではなかった。ところが、地方分権の動きのなかで、行政過程の透明性や応答性を重視する観点から、自治体版の制度をつくる動きが、出ている。そこでは、国の制度よりも、広い対象が、検討されている。ただ、首長と議会という二元代表制を考えれば、議論の余地があるものがある。それが、条例案である。

条例は、自治体の政策を表現した最も重要な意思表示型式であるから、その案をパブリック・コメントにかける意味は、十分にあるように思われる。ところが、最終案に近いところで市民の意見を求めて修正をしたり回答をしたりするとなると、議会審議の先取りとなってしまう。これを、どのように考えるべきだろうか。

議会のメンツ丸つぶれ？

ひとつの考え方では、そうした対応は議会軽視であって認められるべきではないことになろう。市民と行政との間で交わされた議論は、議会における議論を事実上拘束する可能性もある。大きな論点について「決着済み」という雰囲気になれば、議会は、パブリック・コメントの結果を追認するだけの機能しかなくなってしまう。また、議論が実質的なものであればあるほど、それとの対比で、議会の審議の内容のなさ（？）が露呈するという心配もあろう。（今でも「首長の附属機関」と陰口をたたかれるが、）議会のメンツにかかわることである。このような心配は、案外、行政幹部がしている。

活気ある議会審議のために

もうひとつの考え方によれば、条例案についてのパブリック・コメントは、行政の案をよりよくするためのものにすぎず、二元代表制の観点からも、問題はないということになる。議会の議論の先取りという点についても、論点がより明確にされるのであるから、決着済みの論点に時間を使う必要はないし、出された意見とそれへの対応を踏まえた議論をすればよい。地方自治法で認められている参考人制度は、実際には、使われていない。議論の活性化を自発的にしようという努力を、議会はあまりしていない。そこで、自治体議会の活性化が、地方分権の重要なポイントと認識されている現在、議会の審議能力の向上のためにも、結果的に、情報を多く作り出す仕組みは、市民の代表者である議会にとっても望ましい。

対立する考え方であるが、どちらが妥当だろうか。私には、後者であるように思える。そうした認識を議会がしていることを明らかにするという意味でも、その制度は、条例で規定すべきである。ところで、その条例案については、パブリック・コメントはされるのだろうか。条例の趣旨内容に鑑みれば、その過程でも、事実上のパブリック・コメントが先取り的にされることが適切であろう。

4 出ない杭を抜き出す？
――不作為のアカウンタビリティ

条例づくりの庁内組織　二〇〇〇年四月一日からの地方分権一括法の施行によって、条例制定権が拡大したといわれる。また、実質的に権利義務を制約する効果を持つ行政作用は、条例にその根拠を有しなければならないとされた。そこで、要綱を条例にするような方向での作業をしている自治体もある。その取組の内容は、多様である。

たとえば、(神奈川県) 横須賀市は、「政策法務委員会」という庁内組織をつくっている。本格的な法令審査の前に、原課が条例案を行政管理課に持ち込み、政策事項があると判断された場合には、政策法務委員会に回付される。そこで、地方分権推進の観点からチェックがされた後、原課は、再び検討を求められるのである。自治体行政として、条例案をより分権適合的にしようという意欲が、うかがえる。

これは、「条例化」というアクションをするに際してのチェックである。それはそれで重要な対応である。ところで、それと同じくらいに重要であるが必ずしも注目されていないのは、「条例化をしない」という「不作為」への対応である。

寝る子を起こせ！

違法のおそれがあることなどあって、これまで自治体には、条例ではなく要綱を選択する傾向があった。開発指導要綱やまちづくりに関する要綱に、そうした傾向が強い。また、条例であっても、結局は、行政指導によっていることがある。地方分権のもとでは、それを条例にして、手続的にも実体的にも法的義務とすることが、期待されているといえる。

そうはいうものの、とりわけ原課は、要綱のままにしていても、まず従ってもらえるので、別に困ったことがない。そこで、具体的紛争などが発生していない以上、苦労してそれを条例にするという方向には進まないことが多い。「ただでさえ忙しいのに、やってられるか。」という感覚であろう。

しかし、「とくに問題は起こっていないから。」というのは、地方分権時代には、理由にはならない。地方自治法一四条二項によれば、実質的に権利義務に影響を与えるならば、条例によらなければ違法なのである。そうしたことから、自治体行政においては、原課に対して、「今ある要綱をなぜ条例にしないのか。」を積極的に主張させる仕組みをつくることが必要である。

積極的に説明を

最近、地方分権時代の標準装備としてトレンドとなりつつあるパブリック・コメント制度のなかには、たとえば、「滋賀県民政策コメント制度に関する要綱」のように、条例案を対象にするものもある。これは、いわば、「作為のアカウンタビリティ」を制度化したものである。これに対して、条例化しないことを説明させるのは、「不作為のアカウンタビリティ」の制度化ということができる。行政の説明や市民のコメントに対するリスポンスに十分な説得力が感じられなければ、「たんにさぼっているだけ。」という烙印を押されてしまう。担当職員にそれなりの政策法務能力がなければ、対応はできないだろう。もちろん、要綱に適した事項もあろう。したがって、何が何でもしゃにむに条例化するのがよいというわけでもない。それなりの理由があればよいだけである。

地方分権時代にあって、自治体行政は、立ち止まっていてはいけない。拡大した条例制定権を十分に活用して、実効性のある自治体運営の仕組みを探求する義務がある。たしかに、どのようにすれば適法な条例が制定できるかについては手探りであって、確たる理論はまだない状態にある。しかし、それだからといって何もしないのでは、団体自治の実現に尽力した地方分権推進委員会関係者は浮かばれない（ほとんどの方はお元気ですが）。

セカンド・ウエーブの自治体改革　これからますます重要になるのは、自治体行政の意思決定システムを地方分権推進型に変革する作業である。効率性を基調にした行政改革が、行政改革のファースト・ウエーブであるとすると、セカンド・ウエーブは、住民自治の拡充と分権推進を基調にした行政改革でなければならない。「不作為のアカウンタビリティ」の制度化は、そのひとつの対応となる。ファースト・ウエーブの改革に実績をあげた自治体であれば、セカンド・ウエーブの効果は、倍増することであろう。行政改革と地方分権を合体した自治体改革の新たな波に期待したい。

5 混浴のススメ？
――分権時代の職員研修

徴兵制研修・志願兵制研修

職員のパワー・アップを図るための研修の重要性は、地方分権時代において、ますます強調されている。国の関与の縮減によって相対的に拡大した自治体の政策裁量を具体的な法政策として実現するためには、それなりの能力を持った職員の存在が、不可欠だからである。

ところで、職員研修は、参加の態様によって、「徴兵制研修」「志願兵制研修」の二つに大別できる。前者は、職場の上司から、ある日突然に、「オイ、行ってこい。」「エッ、でも私は……。」「とにかく、座ってればいいから。」といわれて参加するタイプである。後者は、研修情報を自分で探してきて自らの希望により、上司の許可を得て参加するタイプである。前者の背景には、職員研修所が研修参加者の人数を一方的に部局に割り当てることがある。両者の中間に、上司が課内で希望者を募る「準徴兵制」もある。

私も、研修の講師をつとめる機会が多くなった。経験的にいえるのは、徴兵制研修における研修生の「気合いの乏しさ」である。それはそうであろう。聴きたくもない講義を強制的に聴かされるわけである。もっとも、研修期間は通常職務をしなくてもいいし、研修が終了する一六時三〇分以降は、家に直行できることが多いか

混浴のススメ？

ら、楽といえば楽である。居眠りをする受講生の割合は、このタイプの研修に最も多い。

職員研修所の研修担当は、何とか研修効果をあげようと、様々な工夫をしているのだろう。ただ、参加者が職員のみの研修だと、発想にも限界があり、分権時代の政策立案能力の開発につながるかどうか、問題がないではない。

パートナーのパワーアップ戦略　そこで、私も提案しているのが、研修定員に一定枠を設けて、それを公募制にし、市民や議員も参加できるようにすることである。自治体行政のあり方として、「市民とのパートナーシップにもとづくこと」を掲げているところは、少なくない。パートナー同士は、対等関係である。もしも、政策提言や内容のある代替案の提示を期待するのならば、相手方に能力向上をしてもらわなければならない。そのためには、職員研修は、絶好の機会であるように思われるのである。意識の高い市民や議員には、歓迎されるだろう。

研修では、演習形式が採用されることが増えているから、職員と一緒のグループに入って、同じ課題を議論することができる。それをつうじて、市民・議員は、行政職員の「使う言葉」を学習することができるし、職員も、市民・議員の考え方を理解することができる。「共通語」を持たないことが、市民参画の問題点として指摘されるが、それも克服できる。現実にその自治体で発生している問題が素材とされたならば、職員も構えてしまうだろうが、仮想事例ならば、そうしたこともない。こうした交流は、市民専用の「市民講座」を別に開催するのでは、実現できない。

居眠り防止に効果的？　また、講師の側からいえば、現実の効果として、受講職員の居眠り防止に効果的である。まさか、納税者や議員の目の前でコックリやる職員はないだろう。

私は、こうした「混浴制研修」を勧めている。しかし、「研修所は職員研修のためのものである。」「市民にひっかきまわされるのではないか。」といったことを理由に、消極的なところが、ほとんどである。そんななか、たとえば、滋賀県政策研修センターは、「行政運営の中で住民の意見をいかに反映していくのか、さらには住民やＮＰＯ等とどのようにしてパートナーシップを構築し協働を進めていくのか。」という問題意識のもとに、「パートナーシップセミナー」を実施し、県民二〇人・県市町村職員各一〇人で、職員と市民の交流と能力向上を図っている。

「パートナーシップ重視」を政策にするのならば、こうした「言行一致型」の研修は、是非とも必要である。分権時代にあっては、より多くの自治体が、滋賀県のようなセミナーを開催することが、期待される。

6　二階にあがれどハシゴはずさず!?
――職員の意識改革と組織の意識改革

猫も杓子も「意識改革」　地方分権時代になって、「職員の意識改革が必要」という声が、あちらこちらから聞こえる。「政策法務研修」なるものも、にわかに増えた。「政策法務にあらざれば行政法にあらず」という観がないではない。自治体研修担当者と議論すると、「いやあ、分権時代ですから、とにかく職員の意識を変えないとはじまりません。」ということになる。

ご要望に応じて、私も、研修では、地方分権の意義や分権時代における職員としての意識の持ち方、そして、これまでの条例論を踏まえつつもそれを乗り越えた条例論などを講義することになる。もちろん、二日くらいの（ひどいときは、二時間くらいの）研修で、「洗脳」できるわけもないから、全体的な研修効果については、期待する方がおかしい。もっとも、なかには、行政現場の実情に疑問を持ち分権改革の意義を十分に認識している感性の鋭い職員もおいでになる。そうした方と議論ができると、何か幸せな気分になる。

組織が変われば人も変わる　そんなことがあったとしても、どうも気になるのが、「組織の意識改革」である。個人レベルで意識改革がされはじめても、組織の考え方が旧態依然としていたのでは、伸びる芽もつぶされてしまうからである。組織自体はどのように意識改革しようとしているのだろうか。研修担当者と議論していても、なかなかみえてこない部分である。

これは、総務や企画サイドの仕事なのであろう。たとえば、原課職員が、私の議論（「新地方自治法施行後の条例論・試論」『自治研究』七六巻八〜九号（二〇〇〇年）参照）を踏まえて、自治事務に関して踏み込んだ条例案を起案しても、文書法制担当が、有職故実的な伝統的法令解釈にもとづく審査をしていたのでは、おそらく、日の目をみることはないだろう。「石橋を叩いていると壊れちゃった。」というのが、これまでの自治体法令審査の多くの実態ではなかろうか。それでは、やる気のある職員も育たない。これをどのように変えるのか。分権時代の自治体行政改革の大きな論点である。

意思決定の仕組みを変える　また、組織としての原課が霞が関の方ばかりを向いていたのでは、個々の職員の意識がいくら覚醒されようとも、研修担当が望む方向には進まない。原課の意識を、首長の目指す方向に変えるためには、たとえば、現在所管している法律・条例・要綱について、団体自治と住民自治の拡充の観点から、どのように改正するのかを提案させ、それを庁内外の批判にさらすという方法がある。あるいは、何もアクションを起こさないならば、なぜ現状維持でいいのかについての積極的な理由提示を求めるという方法がある。十分な説明ができなければ、組織として、対応を変えざるをえなくなる。

このように、職員個人の意識改革とならんで組織の意識改革も走らせることが、必要である。そうでないと、有能な職員にとっては、前向きにいろいろな活動をしたとしても、組織的には、「余計なことをして」というように評価されるから、「意識改革の御旗」を信じて頑張ったとしても、まさに「二階にあがってハシゴをはずされた。」という不幸な状態になってしまう。よく勉強をする職員は、職場では「浮いた」存在なのが、一般的である。

研修担当のその後　もうひとつ、気になるのは、「地方分権を踏まえた職員の意識改革の必要性」を力説している研修担当職員のその後である。定期人事で異動した場合、研修担当時代に説き続けた意識を忘れずに、原課で新しい風を起こす原動力になっているのだろうか。どうも、とりわけ忙しい実務現場に戻ると、原課の色にすぐに染まって、「機関委任事務体質」に逆もどりしているようなのである。これでは、しらけてしまう。組織として、何らかの手を打たないと、こちらも、無駄な投資になる。

あれこれ考えると、最も重要なのは、すべてに責任を持つ「首長の真の意識改革」であるように思われる。

7　待ち人来る？
――市民公募委員の選び方

「良き市民」と「悪しき市民」　市民とのパートナーシップをもとに環境行政を進めてゆこうという方針があるためか、最近では、環境関係の審議会や委員会に、市民委員を登用する自治体が増えてきているように思われる。予定数に応募者が満たない場合には、あれこれとお願いして何とか形を整えるのだろうが、逆に、多数の応募があった場合には、どのようにして選考するのだろうか。

行政が事務局をつとめる会議に正式な参加者として出席して議論に参加してもらうのであるから、「こんな人ならいいな。」という「良き市民委員」のイメージが、行政にもあるはずである。逆に、「なってほしくない人」のイメージもあるのではないだろうか。募集方法や選考基準、そして、実際の選考方法について、いくつかの自治体での実態をみてみよう。

多い一般公募方式　募集方法であるが、多いのは、広報紙などに「市民委員募集！」という記事を掲載するやり方である。たんに手を挙げればよいという場合もあり、調査のかぎりでは、意外とこの方法が多かった。その場合には、応募者全員に通知をして、くじ引きによる公開抽選会を開催して決定することもある。

「応募の動機」や「当市の環境問題について思うこと」というテーマの一、〇〇〇字以内程度の短いレポートを求めている自治体もある。その場合には、レポートの内容を判断して決めるのであるが、その基準は、必ずしも明らかではない。「熱意をくみ取りたい。」という自治体もあったが、どのようにしてくみ取るのだろうか。とりあえず提出したことで熱意をくみ取って、そのあとは、全体としてのバランスをとるために、男女比、年齢構成、居住地などを参考に決めるというところもあった。内容を実質的に審査して「足切り」をしたあとで、バランスを考慮する方針のところもある。（神奈川県）逗子市は、「環境審議会市民委員候補者選考要領」を制定して、後者的対応を規定している。

するしない目隠し審査　行政に批判的な市民が委員会に入って自分の主張をしようというような場合、レポートに批判的内容を書けば、おそらくはじかれるだろうから、とりあえずは「猫をかぶって」、「建設的な意見を言うぞ。」というところをみせる。無事に選出されてから、「本性をあらわす」ということも、考えられないではない。大学の入学試験の採点のように、レポート審査の際に、氏名などを隠して公正を期しているならば、そうしたこともありえる。事実、そのような運用をしているところもある。

ところが、現実には、採点者（庁内の職員である）に氏名を開示しているところの方が、多いように思う。そうなると、いくら「猫をかぶって」いたとしても、狭い社会のことであるから、日頃から「活発な」市民のことを行政もよく知っていて、結果的に不採用ということになる。まさにバイアスのかかった審査であるが、不採用を法的に争うことはおそらくできないから、それまでとなる。

仕切る行政の立場では……　建設的な議論をすべくあれこれと主張する市民ならば、行政も歓迎なのだろうが、絶対反対的な立場であると、妥協の余地もなく、会議が引っかき回されることになる。行政が一番嫌がるタイプである。そうした市民を排除したいと思う気持ちも、わからないではない。

任意設置となる市町村都市計画審議会には、いわゆる市民代表を入れることができるような措置が都市計画法のシステムのもとで講じられるという動きもある。市民のコミットメントは、行政決定が民主的であることのひとつの要素とみられるのだろう。行政過程において、市民がますます「市民権」を得るようになるにつれ、よりよい行政決定を可能にし、かつ、バイアスがあるという批判を受けないような人選をどのようにするかは、行政の悩みの種である。

第3章
義務履行確保と実効性確保

1 「出る」なら「出せ！」
——情報公開条例と環境情報

横並び意識が生む横並び規定　「横並び意識」は、行政の行動法則のひとつである。ほかと違うことをしようとすると、それなりの説明が必要であるし、それをして何かトラブルでも起こしたときには、「減点人事」が待っている。かくして、まわりを横目でながめながらの意思決定となる。

情報公開条例の開示情報の選択にあたっても、そうした側面がみられる。事業関連情報については、条例で不開示事項が法定されているが、その例外として、「人の生命、健康、財産の保護のため、開示することが必要と認められるもの」が規定されることが多い。しかし、環境行政の観点から考えると、これでは不十分なのである。

関心が払われない「環境」　第一に、「人の生命・健康」のような「人格権のコア」の部分が保護法益とされているため、生活環境・自然環境が汚染されていても、まだ、それについての情報は、開示の必要がないと判断される。結果的に、「人の生命・健康の保護」にとっても、手遅れになる。第二に、「人の財産の保護」となると、たとえば、公有財産の場合には、制度の保護法益の対象になるかどうかは、微妙である。

ところで、最近、環境基本条例が制定されることが多く、私も、いくつかの条例案策定過程に関与したことがある。そこで主張したのは、環境情報の積極的開示方針を規定することである。環境情報には、自然環境の汚染情報のほか、個々の企業の排水データ、行政対応関係情報がある。ところが、事務局は、ことごとく、「情報公開条例がある以上、環境分野だけが突出することはできない。」と反論した。「『基本』と名の付く条例を突出して制定するのであるからよいではないか。」と迫ったが、無駄であった。「横並び意識」の典型のように思われる。もちろん、情報公開条例を改正するわけでもない。

古賀市条例の対応　この点、一九九九年三月に制定された（福岡県）「古賀市情報公開条例」は、先駆的な認識のもとで、新たな制度化をしており、注目できる。

何人にも開示請求権を与える同条例は、「市民の知る権利を制度的に保障することにより、市民による市政への参加及び監視の充実を図るとともに、市政の諸活動を説明する市の責務が全うされるようにし、もって市政に対する市民の理解と信頼を深め、公正で開かれた市政の発展に寄与すること」を目的としている（一条）。そのもとで、生命・健康・財産保護のほか、「自然環境を保護するために必要な事業情報」を、開示情報としているのである（七条二項柱書）。公益上の必要による裁量的開示事項に含めずに、明文で開示情報としている点が、新鮮である。

続いた高森町条例　一九九九年六月に制定された（長野県）「高森町情報公開条例」も、同旨の目的のもと、

「事業活動によって自然環境を壊す、又は壊すおそれから自然環境を保全するために、公開することが必要であると認められる情報」を、人の生命・身体・健康・財産・生活の保護とは別に、義務的開示情報としている（八条二項三号）。

高森町では、一九九三年三月に環境保全条例を制定しており、その延長線上に、こうした法政策があると考えられる。一方、古賀市には、そうした条例はないけれども、条例案審議過程において、予防的に環境汚染・破壊に対応することの重要性が主張されたこともあり、生命・健康・財産と同列に自然環境を位置づけたということである。

コミュニケーションとしての環境情報公開　両条例は、その目的からもわかるように、市民とのコミュニケーションの手段として情報公開を考えている側面がある。開示されるべき環境情報の内容には不明確なところがあるものの、悪化が心配される自然環境の現状がどうなっており自治体はどう対応しているのかを市民が知ることができる制度は、自然環境保全が重要な政策価値を持つ今日、高く評価できる。環境基本条例を制定しているすべての自治体が参考にすべき施策である。

2　一番我慢強いのは？
——環境法の監督処分要件比較

処分要件のタイポロジー　環境法に規定される義務の内容は、多種多様である。それを反映して、義務履行確保のための行政処分の要件も、これまた多種多様である。命令発出要件は、いくつかのパターンに整理できる。

第一は、「形式的違反型」である。すなわち、法律で課せられている義務違反そのことだけをもって、行政命令が出せるようになっている場合である。これには、現実に違反をしていることが必要である場合と、違反のおそれで足りる場合とがある。前者の例として、大気汚染防止法一八条の一一が規定する改善命令（特定粉じん発生施設の敷地境界基準違反）、廃棄物処理法一九条の三の改善命令（処理保管基準違反）がある。後者の例として、水質汚濁防止法一三条・一三条の二の改善命令（特定事業場の排水基準違反・地下浸透違反）、湖沼水質保全特別措置法一〇条の改善命令（湖沼特定事業場の規制基準違反）、廃棄物処理法一九条の四の措置命令（処分基準違反）がある。

手続的義務違反に対する行政処分は、当然のことながら、それのみを要件としている。瀬戸内海環境保全特別措置法一一条の措置命令（無許可排水）が、その例である。許可制のもとでの条件違反なども、それのみをもって取消ができるようになっている。工業用水法一三条、廃棄物処理法七条の三・一四条の三に、例がある。

第二は、「実害要求型」である。これは、法的義務違反に加えて、何らかの被害発生を要件とするものである。実害発生のみを要件とする例として、大気汚染防止法一四条の改善命令（ばい煙排出者の排出基準違反）がある。被害発生に加えてそのおそれがある場合を要件とする例として、水質汚濁防止法一四条の三第一項の措置命令（特定事業場の有害物質地下浸透違反）がある。

第三は、「勧告不遵守型」である。とりあえずの監督措置として勧告が規定されており、それに従わない場合に、行政命令が出せるとするものである。悪臭防止法八条二項の改善命令（改善勧告不遵守）、湖沼水質保全特別措置法二〇条二項の改善命令（改善勧告不遵守）などがある。

要件認定裁量が広い理由は？　第四は、「行政マル投げ型」である。もちろん、義務違反を前提とするが、自然環境保全法一八条は、「自然環境の保全のために必要があると認めるときは」、中止命令や原状回復命令を発出しうるとする。自然公園法二一条も、同様の規定である。絶滅種保存法一四条・一六条も、「必要があると認めるときは」と規定する。このパターンは、自然保護関係に多いようである。

第五は、「最後の手段型」ともいうべきものである。たとえば、バーゼル法一四条は、法律違反の特定有害廃棄物輸出等について、「人の健康又は生活環境に係る被害を防止するため特に必要があると認めるときは」、必要な措置を講ずることを命ずると規定する。オゾン層保護法一六条二項にも、「特に必要があると認めるとき」という文言がある。国際環境法の国内法だからであろうか。

しかし、新リサイクル法のように純粋の国内法であっても、「使用済物品発生に関する措置勧告→不遵守公表↓正当事由なく不遵守継続」という場合で、「発生の抑制を著しく害すると認めるときは」、審議会の議を経て勧告内容を命令するとある（二〇条）。同様の規定は、容器包装リサイクル法二〇条にもある。やれやれである。化審法二二条は、第一種特定化学物質の指定に伴う措置命令発出にあたって、「環境の汚染の進行を防止するため特に必要があると認めるとき」という要件を規定している。

これらの違いは、何か統一的な法理で説明できるのだろうか。財産権や営業の自由への配慮、法的安定性の尊重、企業の自主管理の尊重、汚染の不可逆性の重視などといった分析の基準が、頭をよぎる。

3 賦課金
――新たな履行確保手法の可能性

条例による賦課金徴収　地方分権一括法の施行により、条例制定権の範囲が拡大したといわれ、自治体独自の法政策対応の可能性が、注目されている。条例は、法令に違反してはならないが、これは、事業者などに対する義務の賦課が適法でなければならないことを一般に意味する。

しかし、それればかりではない。条例によって適法に課された義務の履行確保手法の適法性も、問題になりうるのである。

環境基本法二二条および環境基本条例の該当規定は、環境管理にあたって経済的措置が重要であることを確認している。制度化の具体的形は多様であるが、環境負荷を与える行為に対して一定の金銭支払義務を課する手法は、そのひとつである。

それが、法定外（普通・目的）税とすれば、地方税法が予定している（二五九～二六一条、六六九～六七一条、七三一～七三三条）。一方、税以外の経済的ディスインセンティブと整理すると、その適法性が問題になる。現行法制度は、賦課金という手法を認めているのだろうか。

「ない」ことの意味　賦課金は、自治体が賦課・徴収し自治体の収入となるものである。そこで、地方自治法上、そうした項目がどう扱われるかが、問題となる。この点、同法は、地方税（二二三条）、分担金（二二四条）、使用料（二二五条）、加入金（二二六条）、手数料（二二七条）、過料（一四条三項）については、その根拠をそれぞれ明示的に規定している。ここに「賦課金」という項目がないことが、その存在を否定するとみるかどうかである。この点は、条例制定権の拡大と関連して考えなければならない。

条例制定権の拡大の意義のひとつは、自治体が、創意工夫をして、地域における公共の福祉の向上を図る法政策的余地の拡大である。そこでは、新たな行政手法の開発も期待されている条例の目的達成手法としての賦課金は、有力な候補である。

国法レベルでは、公害健康被害者補償法のもとでの賦課金という例があるが、一般的制度とはなっていない。条例レベルでは、例はないといってよいだろう。その意味では、これからの行政手法なのであり、地方自治法九章三節「収入」が、そうしたものを予定していないのは、ごく当然のことである。したがって、明示的規定がないことをもって、地方自治法が否定していると解すべきではない。

義務づけは可能だが……　地方自治法一四九条三号は、「収入」とされている項目について、首長の担任事務としているが、これは、概括列挙にすぎない。同条九号は、それが自治体の事務であるかぎり首長の担任事務となる旨のバスケット・クローズを規定しており、賦課金は、九号に含めて考えることができる。したがって、環境管理目的で賦課金という手法を条例により制度化することは、地方自治法には反しない。環境基本法三六条は、自治体について、同法に準じた措置をとることを規定するが、これは、自治体が条例にもとづいて賦課金を課すことを認めたものということができる。

問題は強制徴収　それでは、強制徴収については、どうだろうか。民事訴訟による徴収はありうるが、非現実的であり、公法的徴収の仕組みがなければならない。それは、可能だろうか。督促と強制徴収を規定する地方自治法二三一条の三は、当然のことながら、賦課金については、明示的に規定しない。強制徴収を規定する同条三項は、使用料については「法律で定める」としているために、現在の運用でも、公営住宅の使用料徴収は、民事訴訟を提起している。ただ、これは、公法上の契約関係ゆえのことであるから、そうでない賦課金については、同条を準用する旨を条例で規定できないだろうか。もちろん、条例にもとづく賦課金を含むように、地方自治法を改正することが、ベストである。

賦課処分に対する不服申立てはどうだろうか。地方自治法に明示的に規定されている「収入」については、同法のなかに個別規定がある。賦課金については、そうした規定は、当然ない。そこで、行政不服審査法が適用されるとするか、あるいは、情報公開条例の非開示決定の救済手続である審査会を設けるという対応が可能である。

遠い者勝ち？　もっとも、不払者が全国に散ばっているような場合には、強制徴収もやりにくい。遠くに住んでいる人に対して執行できないとすれば、近くの人に対する執行も、平等原則の観点から問題とされよう。

4　遂にやった！
——ポイ捨て禁止条例の過料適用

義務違反に対するサンクション　タバコの吸い殻や空き缶のポイ捨てを禁止するいわゆる「ポイ捨て禁止条例」が、多くの自治体で制定されている。

一定地域あるいは自治体全域でのポイ捨てについて、何人に対しても、禁止義務を課している点では共通しているが、違反に対する条例の対応は、多様である。大きく整理すると、違反に対するサンクションがまったくないもの、勧告と公表を規定するもの、命令と公表を規定するもの、そして、命令と刑罰あるいは過料を規定するものがある。

ほとんどの場合、そうした条例は、ポイ捨てをしないことに関する市民のモラル向上を狙う目的を持つものである。義務違反があったからといって、行政指導は別にして、行政命令などの公式的対応をすることは、通常は、考えられていない。執行を予定しないことから、行政法学者のなかには、こうした条例に対して、否定的な評価をする論者もあった。

善通寺市条例のもとでの実例　ところが、（香川県）善通寺市は、一九九九年に、環境美化条例のもとで、過料を科したのである。めずらしいこの事件は、全国紙（誌）上でも紹介された。以下では、やや詳しくみることにしよう。

一九九八年制定の善通寺市環境美化条例八条は、「何人も、みだりに空き缶等及び吸い殻等を、公共の場所及び他人が所有し、占有し、又は管理する場所に捨ててはならない。」と規定する。義務違反に対しては、指導・勧告がなされ（一二条）、それが従われない場合には、措置命令が出されることになっている（一三条）。八条違反に起因する命令の不遵守に対しては、特段の罰則はないが、八条違反そのものに対して、直罰的に二、〇〇〇円の過料が科されることになっている（一九条）。

この条例は、同市を「日本で一番きれいなまち」にしたい市長の強いリーダーシップによって制定されたようである。たしかに、適用を考えるならば、司法手続を要する刑罰よりも、過料を規定する方が、現実的であろう。もっとも、条例案検討の過程では、刑罰が考えられていたが、廃棄物処理法一六条が「みだり投棄」を直罰としていることとの関係から、警察が、協議過程で、消極的意見を出したようである。

ゴミ四袋二千円也！　過料に関する事件は、一九九九年三月に発生した。新聞報道などによれば、スーパーの袋に入った家庭ゴミ四袋が市内の河川敷に投棄されていたところ、市は、警察と協力してそのゴミを調

善通寺市

“ポイ捨て条例”罰則

全国初の適用

投棄者の公表も検討

　善通寺市は昨年四月に施行した市環境美化条例に従い、川にごみを投棄した市内の会社員から過料（二千円）を徴収していたことが三十日までに分かった。同様の条例で、罰則として首長権限で執行できる過料を盛り込んでいる自治体は少なく、同市では「適用はおそらく全国で初めて」という。

　宮下市長は「条例の目的は市民の美化意識向上が狙いだが、理解してもらえない人もいるので適用に踏み切った。今後も条例を制定している以上は厳格に対処したい」と、違反者には厳しい態度で臨む方針。

　同市によると、今年三月の環境パトロールで同市与北町の金倉川堀に投棄されたごみ四袋を発見。善通寺署の協力で投棄者を割り出し、本人も「ごみ収集日に出すのを忘れ、邪魔になった」と、同所への投棄を認めた。市は早急に処理するよう求めたが、二週間近くたっても放置されていることから、片付けの意思がないものとみて過料通知書を送付。四月末に本人から納付があったという。

　同市では昨年、悪質な投棄者二人を善通寺署が廃棄物処理法違反容疑などで摘発。民間では市民が「里親」になって公共施設の美化に努めるなど、官民一体で環境保全運動に取り組んでいる。しかし、ごみの不法投棄は根絶されていないのが現状。宮下市長は「条例違反者と判明すれば、名前の公表も考えたい」と、さらに厳しい処分も検討している。

　県内では高松市と国分寺町が刑事罰としての罰金、琴平町が善通寺市と同じ過料を条例に盛り込んでいるが、罰則適用には至っていない。

『四国新聞』1999年７月７日の記事

べ、内容物から投棄者を割り出して、本人と現場確認をし、撤去と適正処理を指導した。そのときは、本人も納得し、撤去を約束した。しかし、その後も放置されたままであったために、市は、過料を科することを決断し、弁明の機会も与えた。それから二週間たっても、まだ放置された状態であったため、本条例の過料規定の適用を決め、配達証明郵便で、過料通知書を送付したのである。当人は反発するわけでもなく、二、〇〇〇円の過料は、銀行振込みで支払われている。刑罰ではなく過料であったがゆえに、実際に執行できたといえよう。

骨折り損のくたびれもうけ？　過料処分の効果やいかにであるが、その後も、善通寺市では、「ポイ捨て」事案は発生しているという。マスコミで報道はされたものの、市民の関心はいまひとつであり、おそらくは一罰百戒的効果を狙ってされた過料処分も、市の期待通りにはいかないようである。

なお、本条例は、条例違反に対する対応としての過料が明示的に規定されていなかった旧地方自治法一四条五項時代に制定されたものである。条例の適法性が問題になりうるが、刑罰に比べてより軽度のサンクションである過料は、「もちろん」規定できると整理できる。廃棄物処理法一六条との関係でも、同法が執行を予定していないような問題について自治体が「自己防衛」的に対応したものとして、肯定的に評価できるだろう。

5 期待とはうらはらに？
――過料処分と現場の認識

注目される過料規定　最近、いくつかの自治体で、約一〇〇人の職員に、次のようなアンケートを実施した。

「地方分権一括法による地方自治法改正によって、公の施設の管理に関する条例（二四四条の二第一項）以外に、条例で五万円以下の過料を規定できることが、一般的な制度となりました。罰金の機能不全や事務的・心理的負担の軽減を根拠にして、罰金からのシフトを期待する向きもあります。

たしかに、過料は、告発などが面倒な罰金と違って、行政手続だけで科すことができます（二五五条の三）。強制徴収も可能です（二三一条の三第一～三項）。ただ、この処分は、争われる可能性もあります。過料処分について不服申立てがあった場合には、議会に諮問するとされています（同条七～八項）。

そこで、おたずねします。あなたの自治体では、過料を規定することができるからといって、従来の罰金規定を過料規定に改正するでしょうか。」

消極的な現場　サンプル数が少ないので、一般化はできないのであるが、大多数の回答者が、「改正はしないだろう。」と答えた。関心が持たれるのは、その理由である。回答には、重複する部分もあるが、いくつかに整理することができる。

「「ご威光」が違う」　第一は、威嚇効果・抑止効果の違いに着目する見解である。すなわち、実際に告発して警察・検察が対応してくれるかどうかは別にして、罰金は刑罰なのであり、それゆえの「ご威光」は、行政手続で科される過料とは比較にならないとする。また、行政職員は、違反者に対して、「是正しないと警察のお世話になるぞ。」と脅しながら行政指導ができるから、たとえ罰金額が五万円以下であったとしても、みすみすそうした効力のある罰金を捨てることは意味がないというものである。これによれば、二万円以下の罰金を五万円以下の過料に変更することはないということになろう。

「事務処理能力がない」　第二は、職員の能力への懸念を示す見解である。過料は、行政手続により科されるが、そのためには、職員がそうした手続に習熟していなければならない。しかし、現実には、そうした状況にはないというものである。過料は、「抜かずの宝刀」というより「抜けずの宝刀」になっているということができる。「裁判所のように権威の高い組織の判断に従いたい。」「自分で判断することを避ける。」という回答もあった。

「仕事が忙しくなる」　第三は、（逆説的であるが、）違反執行が容易になることへの懸念である。罰則の場合には、たとえ、略式処分であっても、刑事手続であるから、慎重に対応される。しかし、同じ違反に対して非刑事的対応となると、適用にあたっての手続的ハードルが低くなる。それゆえに、発動の機会も増えて原課の仕事がしんどくなるというものである。当然に、職員の負担増になるが、そうしたことを組合が了承しないという説明もあった。過料の事務は管理運営事項にあたらないということだろうか。積極的執行を首長がいやがるという回答もあった。

「どうせ使わないのなら……」　第四は、「思考停止」的見解である。これまで、たしかに罰金を規定する条例はあったが、実際に執行したことはなかった。実績もないのに、罰金か過料かどちらが適当かを考えるのは面倒、過料の方がいいと説明するのが困難というものである。結局使わないことにおいて同じことだから改正するのは面倒くさい、だから改正はしないという回答も、このカテゴリーに入るだろう。

このように、既存条例の罰則規定のうち一定部分が過料に移行することは、あまりなさそうである。たとえ、法制・政策法務担当が、司法警察組織の力を借りることなく「自力執行」できる過料に関心を示したとしても、条例（改正案）起案を担当する原課を説得することは、容易でないように思われる。

なお、新規条例については、過料を規定するものも出てきている。あえて罰則を選択しなかった理由が、知りたいところである。

6　好きこそものの上手なれ？
――全国野鳥密猟対策連絡会

ミッタイレン？　行政に不足している能力を補完し、行政と協働する主体として、NPOが、注目されている。環境行政分野も、例外ではない。地球環境保全、リサイクル、公害対策、自然保護など、現在あるNPOは、環境行政の様々な分野にかかわっている。しかし、「環境法の執行」に関心を持って活動している団体は、それほど多くない。そんななかで、とりわけ、野鳥の保護を目的に、鳥獣保護狩猟法の執行に目を光らせている環境NPOがある。全国野鳥密猟対策連絡会（密対連）が、それである。

密対連は、「日本野鳥の会・カスミ網対策会議」が一九九二年に解散すると同時に誕生した。それ以降、密猟現地調査や小鳥店調査を進め、主として、鳥獣保護狩猟法のもとでの違反行為の発見と行政・警察に対する執行強化の要望活動をしている。

執行リソースを補うNPO　都道府県の鳥獣行政担当や警察本部の鳥獣保護狩猟法担当は、人的リソースの制約もあって、広域的なパトロールをすることがなかなかできないのが、現実である。密猟者は、監視の目が緩くなる日曜休日を狙うともいわれる。「日本野鳥の会」の会員が多く所属する密対連は、密猟発見のための活動はもちろん、バード・ウオッチングのかたわらも、違反活動の発見につとめているのである。違反行為に遭遇したときのマニュアルも作成されており、積極的に行政・警察を動かそうという意気込みがうかがえる。密対連のホームページ（http://www.tatsutomi.co.jp/mittairen/）には、多くの摘発事例が紹介されているが、その多くは、密対連のメンバーからの通報を端緒とするものである。

日本の環境法のひとつの特徴は、執行過程を行政と警察の独壇場としていることである。その背景にあるのは、「任せておけば適切に対応される。」という考え方である。しかし、広い山林原野で展開される違法活動に行政や警察が的確に対応できる制度的保障は、何もない。パトロールをしているというが、必ずしも十分ではない。

密対連が違法活動を発見しても、当該メンバーが鳥獣保護員であるならば格別、そうでなければ、一般市民としての注意しかできない。行政警察権限や司法警察権限を有する行政なり警察なりに厳正に対応してもらいたいと考えるのは当然である。しかし、メンバーへのインタビューによれば、両者の対応は、必ずしも積極的ではないようである。

見分けのつかないメジロの「国籍」　とりわけ鳥獣保護狩猟行政について特徴的なのは、執行にあたっての行政と警察の専門性の欠如である。たとえば、国産メジロは一世帯一羽しか適法に飼養できないが、輸入メジロと称して国産メジロを密猟、あるいは、密猟鳥を購入して飼養していることがある。そうした鳥を持ち歩いている場合もある。その際に、国産メジロかどうかをその場で識別することは、行政や警察には困難なのが、通例である。この点において、鳥獣保護狩猟法の執行には、そうした識別眼のある環境ＮＰＯの助けを借りざるをえない。実際、密対連は「メジロ識別マニュアル」を作成し、行政に提供するなどの活動もしている。

メジロの国籍わかります？

右は国産メジロ。胸と脇がぶどう色。左は中国産メジロ。腹が灰白色が特徴。日本産の方が鳴き声がよいために、密猟された国産メジロが中国産として飼育される。［写真提供］全国野鳥密猟対策連絡会事務局長・中村桂子氏

求められる一層の連携　一九九九年に、警察庁は、『環境犯罪対策推進計画』を公表した。そのなかでは、「地域住民の取締り要望をよく把握し、要望の強い事犯に対する取締りに配意する」ことや、「関係団体等との連携を強め、…実態把握に努める」ことがあげられている。これは、主に産業廃棄物の不法投棄を念頭に置いたものである。しかし、「野生動植物の不法取引等」も「環境犯罪」に含められている。鳥獣保護狩猟法違反事案も、当然そのなかに含まれる。同法に関していえば、今後、密対連のような専門的能力の高い環境NPOとの連携を強めることが、警察庁から全国の警察本部に対して、より具体的に指示されてよい。この点については、密対連の期待も高い。

密対連の活動は、自らの経済的利益につながるわけではない。自己宣伝ということもあろうが、それ以上に、野鳥保護・密猟撲滅という想いが、活動の支えになっているのだろう。「野にいる野鳥が好き」という気持ちと、行政にも警察にも欠けている専門的な鑑識眼が、鳥獣保護狩猟法の執行を効果的に促進・支援しうるのである。まさに、「好きこそも

のの上手なれ」である。

7 わかっちゃいるけどやめられない!?

――同意条項のゆくえ

条例化のネック?　地方分権により条例制定権が拡大されたといわれ、また、事実上の権利制約をしている要綱を条例化することが地方自治法一四条二項により求められていることから、これまでの要綱を見直す動きが、自治体で出始めている。その際に、ひとつの論点になるのは、同意条項の扱いである。

たとえば、横須賀市開発行為等指導要綱八条四項は、「事業者は、開発許可申請又は建築確認申請を行うときまでに、開発区域等の敷地境界線から一〇メートル以内の区域……にある土地又は家屋の所有者及び賃借権者から当該開発行為等の施行について原則として同意を得るものとし、その経過及び結果を文書で市長に報告するものとする。」と規定している。

同意制度の機能　同意という制度には、どのような機能があるのだろうか。いくつかの行政へのインタビューでは、紛争調整・合意形成という機能が、指摘されていた。問題となっている開発行為によって侵害される権利が裁判上保護されるものであるならば、おそらくは、差止めなり仮処分で実現されるが、実際には、それほどのものではない。そこで、同意調達のプロセスのなかで、住民の意向が事業者に伝えられ、事業計画をある程度修正することが、期待されているのである。相隣紛争の処理は、民民調整が基本であるとすれば、そうした場を行政がつくっているということで、住民の交渉コストの軽減をしているのであるから、同意制度は、それなりに評価することもできる。

同意を重ねるコスト　しかし、これをより広く、まちづくりという観点からとらえた場合には、行政があまりに及び腰になっているという評価も、可能である。すなわち、行政には、地域環境空間の管理者という立場から、市民参画のもとにその将来像を描き、開発行為を望ましい方向に誘導する責務がある。ところが、同意制度によれば、そうした責務が放棄され、ごく狭い地域での場あたり的な処理が、当事者間で無秩序に積み重ねられることになる。まちづくりのコストが住民に負わされると同時に、長期的にみれば、計画性のなさのゆえのコストが社会全体に負わされるのである。

たしかに、同意条項が要綱にあることは、住民にとっては、心強い。取得は法的義務ではないとはいうものの、自治体の制度として承認されているのであるから、それをもとにして、開発業者の工事をストップできるし、行政に対しては、許可を与えないことを求めることができるのである。まさに、拒否権である。しかし、そのマイナスの側面にも、注意を払うことが重要である。

将来のまち像がみえない　とりわけ、開発指導要綱のなかに規定される同意条項については、まちを現状凍結的にとらえて、将来世代を含めたまちの発展を考えるインセンティブをなくさせている効果がある。

「ノー」といいさえすれば、現状変更を止めることができるのであるから、こんな楽なことはない。しかし、同意は法的に要求されるものではないから、完全同意を得ないままに開発事業が申請された場合、どのようなまちが望ましいのかといったことが必ずしも考えられていないために、建設的なネゴシエーションができない。相互不信が募り、対立が先鋭化するだけである。

まず詳細計画を　開発指導要綱の条例化にあたっては、まず、地域のまちづくり計画を策定する必要がある。そのもとで、開発計画のまちづくり計画適合性を市民参画のもとに議論する。この手続は、行政が主宰し、開発事業者・住民・行政の対話がされるように設計されるべきである。どのような内容の開発計画ならば「正解」なのかはわからないが、このプロセスを経ることによって、よりよいものにするのである。環境アセスメント類似の手続である。

先にみた横須賀市要綱のような規定ならば、訓示規定と解して、そのまま条例に規定することも可能であろう。それにもとづきなされる同意取得の要請は、行政指導と理解できる。「わかっちゃいるけどやめられない」場合には、同意条項の存置と条例化の要請の両方を満たす処理といえよう。しかし、同意条項には、地域のまちづくりを「思考停止」にする効果があることを、忘れてはならない。即地性のある計画をつくり、それへの適合性を議論できるような手続を整備することで、同意条項を発展的に解消することができるのではなかろうか。

第４章
自治体環境政策法務の模索

1 合わせ技一本!?
――複合開発事業の発想

合理的選択としての「アセス逃れ」　環境アセスメント制度の対象をどこまでにするかの基準として、一般に用いられるのは、面積要件である。これは、一種の「スソ切り」であって、法律や条例による義務づけが、その一線を境にして、あったりなかったりする。まさに、「天国と地獄の分かれ道」である。合理的判断をする者ならば、ギリギリを狙って開発規模を定め、億単位にもなる環境アセスメント費用を回避しようとする。いわゆる「アセス逃れ」が発生する。また、故意かどうかは別にして、規模未満の事業が隣接して計画されると、かなりの環境負荷が発生する。これらに、どのように対処するかは、制度設計にあたっての悩みのひとつである。

スクリーニング　第一の対応は、環境影響評価法が採用したスクリーニングである。これは、問答無用で対象となる第一種事業の規模の四分の三以上のものについて、第二種事業というカテゴリーを設け、それに該当する事業について、個別に「環境影響の程度が著しいものとなるおそれがある」かどうかを判定する仕組みである（四条）。この場合でも、第二種事業であるかどうかは、数字で線が引かれることにより決まることがある。

複合開発事業　第二の対応として、個々の事業は対象規模未満であっても、あわせると対象規模を超えるようなもののすべてを制度の対象とする方法がある。こうした事業は、全体として、複合開発事業と呼ばれる。

伝統的な行政法学の発想では、個々が独立して実施されれば義務づけの対象とならないのに、ある条件のもとではそのどちらもが対象となるという制度は、想定しにくい。平等原則や比例原則に反するのではないかと考えられるのである。しかし、環境を有限な資源と認識し、さらに、たとえそれが私有財産であってもその使用収益は公共的な関心事となるという環境基本法や土地基本法の理念および環境基本条例の理念に照らせば、私有財産の側からものをみるのではなくて、それが存在している環境の側からものをみる発想が、重要である。その意味では、とりわけ意図的回避を防止する複合開発事業の考え方は、新しい環境政策理念に適合しているということができる。

制度設計の実際　しかし、問題は、どのように制度を仕組むかである。川崎市環境影響評価条例の改正の審議過程では、①二以上の事業が隣接して実施される、②個々の事業は規模要件未満であるが合計すると要件を満たす、③個々の事業の実施主体が実質的に同一であったり事業相互の作業工程が密接に関連している、④各事業の実施時期が一定期間以内である、といった条件が、検討された。

クリアすべきポイント　ただ、現実には、いくつかの論点をクリアする必要がある。第一は、「隣接」の程度の決定である。第二は、「実施主体の実質的同一性」の判断基準である。第三は、複数の実施主体にそれぞれがアセスメント義務者であることをどのようにして伝えるかである。タイミングとしては、それぞれの事業者が事業の計画をたてる前でなければならない。しかし、自らが制度の対象となることの予測可能性が高ければ問題はないが、この場合は、そうではない。個々のケースについて、行政の認定が必要なのである。環境影響評価法のスクリーニングのように、第二種事業になることがとりあえずは判明しているわけではない。

結局は、「複合開発事業候補」の事業を、行政がどのようにして把握するかにかかっているように思われる。それを早期にしないかぎり、行政の認定もありえない。行政のアプローチが遅れれば遅れるほど、アセスメントをする意味が少なくなる。事業者に届出させるしかないが、届出対象となる事業者をどのように絞るかが問題である。先にあげた①～④の条件を満たす事業者に、連帯して申請責任を課すという手もあるが、それぞれの条件が明確性に欠けることから、無理であろう。連帯といっても、合計して対象規模以上となることについてわずかの寄与しかしていない事業者にフル・アセスメントを義務づけることは、合理的だろうか。負担関係は、事業者間の内部的事項といえるだろうか。行政指導ということになるのかもしれないが、平等かつ公平な制度運用は、容易なことではない。

環境アセスメント制度における複合開発事業の扱い……。「言うは易し・行なうは難し」のひとつの例であるように思われる。

2　鳴き砂が泣いている？

——海浜環境の保全方策

鳴き砂保護の法的論点　踏めば「キュッキュッ」という音を発する「鳴き砂」は、日本のいくつかの海岸に、存在している。小さな砂粒とその周辺の環境との微妙なバランスがなせる「自然の芸術品」である。ところが、かくも微妙なバランスのうえに成り立っているために、少しのゴミやタバコの吸い殻はもちろん、タバコの灰によっても悪影響を受けるといわれる。

そこで、地方観光資源としての鳴き砂を守ろうと、影響を与える行為に対して、自治体が、条例による対応を模索する動きも出てきている。法的にみれば、どのような論点があるのだろうか。

自治体に権限が与えられた　第一は、海岸管理の権限の問題である。従来、海岸をめぐる法制度が必ずしも整備されていなかったこともあり、海岸保全区域以外の海岸については、固有の保護法益のもとでの管理にあたっての根拠規定が、十分ではなかった。この点、一九九九年の海岸法改正によって、海岸保全区域以外の海岸が「一般公共海岸区域」とされた。「海岸環境の整備と保全及び公衆の海岸の適正な利用」という拡大された法目的のもとで、鳴き砂海浜についても、それが海岸保全区域外にある場合でも、法律にもとづく対応が、可能になったのである。

第二は、管理権限が都道府県の自治事務となったことである。その権限は、協議によって、市町村に委譲することができる。そこで、国立公園にも国定公園にも指定されていない海浜の鳴き砂を保全したいと考える市町村は、都道府県との協議が整えば、条例を制定することによって、海岸法の趣旨目的を個別具体的に実現することができる。

ポイ捨て禁止条例を応用?　第三は、具体的保全手法である。この点については、ポイ捨て禁止条例が想起される。当該海浜におけるタバコの吸い殻や使用後の花火のポイ捨てを禁止するのである。鳴き砂の保護という法益が自治体にとって重要であるということならば、喫煙や花火それ自体の禁止というように、より踏み込んだ対応も考えられようか。

ただ、海岸法が想定する規制は、①土砂採取、②水面における施設・工作物の新設・改築、③土地掘削・盛土・切土といったものであり、一般公共海岸区域であったとしても、「ポイ捨て」といった軽微な行為を予定していないようにみえる。しかし、海岸に関する効用には、地域特性がある。それは、当該海岸の自然的条件によるものでもあり、また、地域社会が海岸をどのように評価しているかという社会的条件によるものでもある。そこで、法律が予定する規制は、いわばナショナル・ミニマムと考えて、当該海岸の効用を維持・増進すべく、自治体が条例を制定して多様な規制をすることは可能と考えることができる。

「ポイ捨て禁止」という対応も、可能になる。もっとも、各地で制定されているポイ捨て禁止条例の効果については、疑問が呈せられている。刑罰規定を設けても発動されないし、過料処分をしてもそれほどの抑止効果が出ているわけでもない。結局は、ゴミ拾いという人海戦術に頼らざるをえないようである。

人海戦術の制度化　たまたま海浜ごとに「守る会」的なボランティア組織があるとするならば、それを活用するような制度設計は、考えられないだろうか。それが、たんに行政がつくった枠組みのもとでも下請け的な作業であれば、積極的参加は、望めない。そこで、自治体内の海浜ごとに、海浜利用のルール案をボランティア組織に作成してもらい、それを行政に提出し、審議会の議を経て、首長が議会に提出し議決を得る。そうした手続を経ることによって、案に自治体全体の観点からのチェックと観光政策などとのバランスを与えるとともに、ローカル・ルールに法的根拠を与えるのである。

みんなの手でローカル・ルールを　条例が計画策定を行政に命じ、策定された計画に沿った形での規制がされることは、少なくない。その場合、行政が自治体全域的に適用される計画をひとつだけつくるのが、通例である。人海戦術に頼らざるを得ないとすれば、実際に作業をする人たちに、当該環境空間のあり方や利用の仕方をめぐる議論に、より実質的にコミットしてもらうことが、とりわけ重要なのである。

3　その後の環境監
――環境配慮行政の黒子役

内部環境監査システム　環境基本条例には、環境配慮をした政策を自治体行政が立案・実施することが規定されていることが少なくない。しかし、具体的な制度を設けている自治体は、それほど多くないのが実情である。そんななかで、滋賀県は、一九九七年四月から、内部環境監査役的なポストを設けている。「環境監」と呼ばれる制度であるが、その後、どのように発展したのだろうか。行政の意思決定にどのような影響を与えているのだろうか。制度の発足以来、三年半が経過した「その後の環境監」を見てみよう。

若干の組織変更　以前は、何人かいる環境監のトップである統括環境監は、知事直属のポストであり、環境監会議の事務局は、秘書課政策調整室であった。環境部局に置かないところに、環境政策の推進に対する滋賀県の意欲が見られたのである。しかし、二〇〇〇年四月以降、体制に変化があった。統括環境監というポストは、初代の退職とともになくなっている。このポストは、きわめて属人性の強いものであったように思われる。その代わり、琵琶湖環境部次長が、一〇人いる環境監の会議の座長となり、事務局は、環境政策課に移された。庁内への影響力などの点で、実質的に変化はないとされている。なお、二〇〇〇年度から、メンバーが増員されている。

大所高所からの議論　環境監および環境監会議の効果については、次のような自己認識がされている。第一は、会議の「サロン的雰囲気」である。個々の環境監は、部に属しているけれども、所属組織を背負った発言ではなく、大所高所からの議論をすることが、求められている。事業の実施決定をするというのではなく、方針のようなものを議論する。各自が、所属組織に戻ったときに、そうした方針で起案することを説得するのである。環境監会議には、たんなる「調整の場」ではないことの気軽さがある。庁内には、別に、環境調整会議があるが、ここだと、組織を背負った発言をせざるを得ないために、どうしても「足して二で割る」式の解決しかできない。職位としては、次長級の人が環境監になっているが、これは、部長と課長の中間に位置しており、より自由な発言がしやすいと認識されている。

環境の視点を早くに入れる　第二は、県の施策に関して、環境の視点から、早い時点で議論ができる点である。所掌事務の中には、「重要な環境保全施策に関する連絡調整」「県の各施策・計画に関する環境の視点からの調整」がある。「調整」とはいうものの、実質的には、「環境の観点からの検討」である。滋賀県環境基本条例一〇条は、環境優先の理念を宣言しているが、それを実践する具体的仕組みである。早期段階での環境配慮は、合理的な環境管理をするために重要である。部局の利害を離れて議論ができるプロセスがあることは、効果的な環境配慮につながると考えられている。環境監には、環境部局に所属した経験のある人が任命されているが、こうした人事上の配慮も、効果的な運用にとっては大切である。

環境円卓会議を主宰　第三は、環境監と県民との懇談の場を通じた県民ニーズの把握である。環境円卓会議と称されるこの会議は、環境監会議の議論から考え出されたものである。これは、県行政への要望の場ではないと考えられている。個別具体の話ではなく、より一般的な政策論ができるようにと配慮されている。司会は、職員ではなく、ジャーナリストや大学人がつとめる。環境監会議は、組織横断的な会議であり、具体の権限に縛られないということから、県民からの建設的な提案があれば、県の環境行政に直結することも可能だろう。

原課の遺伝子を操作?　こうした特徴にもかかわらず、環境監の「事業評価」は、難しいと考えられている。それは、コミットする時期が早いために、それによって、政策にどのような影響を与えたかが具体的に評価できないからだという。

環境監は、環境監会議で議論されたことを各環境監が所属部署に持ち帰って、そこでの議論に反映するのである。あくまで、起案するのは原課であって、環境監の任務は、「原課の遺伝子に環境配慮という要素を組み込む」ことにある。原課の施策が環境配慮的であると評価されれば、それが、環境監の評価につながるということなのだろう。

4 正々堂々それとも保護色？
――倉敷市美観地区景観条例

建築確認対象法令である意味　自主条例が建築基準法六条の建築確認の対象法令に入ると考えるかどうかは、まちづくりを進める自治体にとって、重大なポイントである。含まれていれば、当該条例違反を理由にして建築確認を下ろさないことも適法になるからである。「無確認で建てよう。建ててしまったらこっちの勝ちだ。」と考える人は、さすがに少ないために、建築確認とリンクさせることは、条例の実効性確保のための効果的な法政策なのである。

ある事件　倉敷市（岡山県）は、一九八七年以来、文化財保護法八三条の三第一項にもとづく伝統的建造物群保存地区保存条例を制定し、倉敷川畔に広がる昔ながらの商家や蔵を基軸とする街並みを保存してきた。伝統的建造物群保存地区内では、現状変更が、厳しく規制されている。また、その周辺を含めて、倉敷市伝統美観保存条例にもとづいて伝統美観保存地区に指定して、そこにおける一定行為を、市長の同意制にしていた。

一九九七年五月に、高さ一六・五ｍのビル建築計画が、市に持ち込まれた。場所は、伝統的建造物群保存地区外であるが、伝統的美観保存地区内にはあった。すなわち、法律にもとづかない倉敷市独自の規制は受ける地域内だったのである。

市は、計画にかかるビルの高さや外観などが周辺の街並みにそぐわないとして、指導を重ねたが、事業者の聞き入れるところとはならなかった。市長は、不同意通知をしたが、事業者は、設計変更をしないまま、建築確認を申請した。市職員である建築主事は、市長の意向を受けて、確認を留保して、説得を継続した。

そうしたところ、事業者は、市建築審査会に対して、建築確認をしないことの不作為の違法確認を求める審査請求をした。その後、主事は、建築不適合通知をした。事業者は、審査会にその取消を求めたが、請求棄却されたために、建設大臣に再審査請求をした。建設大臣は、伝統美観保存条例にもとづく市長の同意書がないことをもって建築確認対象法令に適合しないとした処分は取消を免れないとしたのである。結局、確認はされた。

取消裁決の教訓　そこで、建築確認にリンクしなければ実効性がないと考えた倉敷市は、美観地区を設けたうえで、二〇〇〇年三月に、建築基準法六八条にもとづく美観地区に関する条例を制定した。所定の行為を承認制として、行政指導で求めていた基準を条例化したのである。

建築基準法にもとづく条例であれば、確かに、建築確認対象法令になる。街並み保存のための基準は、法的拘束力のない行政指導基準ではなく、審査基準となる。それに不適合であることを理由に、建築確認を下ろさないという措置も、適法にできるのである。

法律を逸脱？　ただ、解釈上の問題がないではない。美観地区条例の根拠となっている建築基準法六八条は、「美観地区内における建築物の敷地、構造又は建築設備に関する制限で美観の保持のために必要なもの」を条例で規定できるとしており、美観地区といえども、内容について無制約ではないように読める。新条例には、三つの基準がある。第一は高さ、第三は建築設備の位置・規模・形態・意匠・色彩である。これらは、右の範囲に含まれるだろう。しかし、問題なのは、第二である。「位置、規模、形態、意匠及び色彩が、伝統的な建築様式による建築物等の特性を維持し、かつ、周辺の町並みの景観に調和している」という基準は、美観条例の範囲内だろうか。

厳格に文理解釈をすれば、違法と判断されるかもしれない。そうすると、これは、行政指導基準にしかすぎないと解されることになろう。したがって、第二の基準を理由に確認をしないことは、違法になる。ただ、新条例全体を建築基準法六八条にもとづくものとしているから、いわば「保護色」に隠されて、一般には、拘束力あるものと信じられるだろう。

例示とみればプラス・アルファも適法　もっとも、地方分権時代には、地域の特性が生かせるような解釈が、必要である。そうした立場に立てば、建築基準法六八条に掲げられている事項は、例示であり、市街地の美観を維持するという美観地区の趣旨目的を達成するために必要かつ合理的な規制は、自治体の裁量で追加できるとも考えられる。そうなると、新条例は、正々堂々と正面から規制をしたということになる。ただ、建築主事のする「確認」という行為にふさわしい基準かどうかは、気になるところである。

5 寝た子を起こすな!?
―― 適正な高さと容積率の合意方法

素人の発想　「こうやればいいのに」と素人考えで思うけれどもされていないことには、おそらく、それなりの理由があるのだろう。都市計画に関して素人の私が、常々思っていることに、「まちづくりイメージの決め方」がある。

自治体では、まちづくりをめぐる紛争が、絶えない。もちろん、法令違反の建築計画ならば、建築確認や開発許可がされないから、それはそれで、問題はない。法令には適合しているけれども、「この地域には、不適切だ。」と地元が考える計画が、紛争のタネになるのである。

開発する側に立ってみると、事前に認識できる制約は、法令や地区計画・建築協定によるものだけであるから、それらを制約条件として計画を立てたあとで、あれこれと注文がつくというのも、予測可能性に欠けて、合理的ではない。また、同じような紛争が、計画ごとに発生することになり、効率性にも欠ける。

コンピュータ・グラフィクスの活用　そこで、ある地域に関して、道路制限などの制約を踏まえつつ、高さや容積率を一〇〇％活用してビルを建てたとすればどのようになるかを、コンピュータ・グラフィクスで表示する。最大限活用することは、一般に、人々の考えにはない（しかし、可能である）から、おそらく、あまりのボリュームに、「これは、大変だ！」ということになる。そこから議論をはじめて、いわば、氷柱をノミで削り込んでいくようにすれば、「やさしさの感じられる」というような定性的な表現ではなくて、結果的に、その地域の理想とする街並みが具体的にイメージできるのではないだろうか。

もちろん、合意ができたからといって、それだけでは、拘束力がないから、必要ならば、建築協定や地区計画といった「固い」規制に発展させればよい。そうでなくても、具体的なイメージが表現されているから、開発を計画する者にとっては、対応がとりやすい。

ところが、まちづくり実務に詳しい都市計画の専門家にこうした話をすると、「現実的ではない。」といわれることが多い。その理由は、一様ではないが、整理すると、次のようになる。

「えっ、そんなに使えたの？」　氷柱を削り込むというようなことをすると、「氷柱状態」、すなわち、財産を一〇〇％使ったときのイメージを、個々の土地所有者に具体的に与えることになる。そうなると、かえって潜在的な開発意欲に火をつけてしまい、まちづくりに関する合意などできなくなる。「寝た子を起こす。」というわけである。たとえ、不況期であっても、将来のことを考えて、自分を縛るようなことは、誰もしたくない。マンション建設など自分の住居以外の用途を考えている者にとっては、制約が厳しくなるのは、死活問題である。かくして、合意による建築制限は、実現されにくい。

ダウン・ゾーニング手法　それを考えると、容積率が半分以上使用されていないような地域の場合、ダウン・ゾーニングをして、一律に容積率を下げることが、理想的である。氷柱をスパッと半分に切ってしまうのである。そのあとで、議論をして、必要であれば、好ましい街並み像をつくるべく、高さを加えたり、容積率を加えたりすればよい。そのためには、行政の強いイニシアティブが必要になる。

危うい予定調和　とくに、規制が緩い住居系地域や商業地域などにおいて、地区計画や建築協定などの法的規制がない場合、現在、それなりに良好な街並みが形成されているのは、「偶然」にしかすぎない。高さや容積率をたまたますべて使わないという「危うい予定調和」の産物なのである。短期的にコストをかけて議論する方が、良好な住環境形成にとって、長期的には、合理的なように思えるのであるが……。

6　先手必勝！
――大口町地下水水質保全条例

穴ぼこの後始末　砂利採取法によれば、登録を受けた砂利採取業者は、砂利採取をしようとする場合には、採取計画ごとに、知事の認可を受けなければならない。ところで、採取計画が履行されたあとで問題になるのが、採取によりつくられた穴である。埋戻しのための土砂に有害物質が混じっていると、地下水汚染の可能性があるからである。

上水道源の約四〇％を地下水に依存している（愛知県）大口町では、砂利採取跡地の埋戻し土砂による地下水汚染が懸念されていた。埋戻しに関して、採取計画認可審査においては、もっぱら物理的安全性が問題にされ、土砂の化学的安全性は、考慮範囲外のようである。したがって、安全性に問題がある土砂で埋められても、少なくとも、砂利採取法上は、問題はない（なお、一定の地理的条件のある場所から発生するいわゆる公共土木起因の残土を利用する場合には、「産業廃棄物に含まれる金属等の検定方法」（一九七三年環境庁告示第一三号）により定められる基準適合を求めている自治体もある。）。土砂のなかに産業廃棄物が混入する可能性もあるが、それは、廃棄物処理法の問題である。

地下水保全の予防的対応　いずれにせよ、権限は、知事にあるのであり、また、そうしたもので埋められてしまえば、原状回復は、現実には、かなり困難になる。そうなると、町独自の、しかも、先手を打った対応が、必要になる。そう考えた大口町は、独自条例の可能性を探求し、二〇〇〇年六月に、「大口町地下水の水質保全に関する条例」を制定した。

条例の規制対象となるのは、掘削を行なう前の地盤面から垂直距離で三ｍを超える穴を、在来の土砂以外の土砂で埋め戻す「特定作業」である。特定作業は届出制であるが、届出添付文書として、特定作業に使用する「土砂土壌検査結果届」を提出させる。これは、問題のない土砂が使用されることを担保するための措置である。最近、建設残土による埋立てを規制する条例が、千葉県や神奈川県で制定されているが、これは、ひとつには、埋立てに利用される残土に有害化学物質が含有されていることがあるからである。

検査の信憑性　この条例が実効性を有するか否かのポイントは、いくつかある。第一は、土壌検査結果が信用できるかどうかである。使用土砂が大口町内でのみ採取されるのならば、条例で立入権限を規定すればよいのであるが、そうとはかぎらない。そこで、結果的に、計量法に規定する計量証明事業者という公的資格保持者に委託して土壌検査をさせることに落ち着いた。虚偽の報告をした場合には、計量法に規定されるサンクションによる。

第二のポイントは、検査試料の採取方法が合理的かどうかである。これは、実質的には、環境省が用いている方法によるので、それを信じるしかないが、有害物質が採取ポイントの少し下に含まれていたような場合もある。したがって、届出に先立つ土壌検査で「シロ」と出ても、特定作業中に検査すれば「クロ」となる可能性は、大いにあるのである。その場合には、規則基準不適合状態なので、原状回復命令の対象になるのだろうか。「規制基準適合土砂であること」の判定は、どの時点で行なわれるのかが、問題になる。届出時点ならば、その後に「クロ」が判明しても、何もできないことになる。しかし、それでは、汚染を座視する結果になり、不合理である。規制基準不適合土砂を用いた特定作業は禁止されているので、命令は可能と考えられよう。

第三のポイントは、届出にかかる土砂が実際に利用されるかどうかである。そうされなければ、結果的に、虚偽届出になるのであるが、原状回復は困難なのが、実態である。作業の最中に、町職員が採取先を訪問すればよいのかもしれないが、現実にはできないだろう。届出にかかる作業期間よりもきわめて短く（しかも、規制基準不適合土砂で）埋め戻されるとつらい。

性善説によるギリギリの対応　砂利採取法の限界、産業廃棄物不法投棄に対する原状回復の事実上の困難さ、そして、それらに関する権限を町が持っていないことを前提として、地下水保全という地域課題に、大口町は、条例という形で正面から対応した。規制をすりぬけようとする者に対して、完璧な法システムを用意したとはいえないけれども、性善説にもとづいて、可能なかぎりの行政法的対応をしたと評することができる。

7 小さな親切 大きなお世話？

——ポイ捨て禁止条例の県市競合

増加するポイ捨て禁止条例　環境庁（当時）の調査によれば、一九九九年一〇月一日現在、ポイ捨て禁止条例は、全国一、一二〇自治体で制定されている（次頁の表を参照）。そして、その数は、増加傾向にある。ポイ捨て禁止条例をめぐっては、法政策的にみても、いくつもの論点がある。ポイ捨て禁止義務の違反に対して、①勧告のみ、②勧告→公表、③勧告→命令→公表、④勧告→命令→罰則、⑤直罰、のどれで対応するのかという義務履行確保手法論は、そのひとつである。ここでは、あまり議論されない「事務論」に、注目してみよう。

県の事務か町の事務か？　ポイ捨て禁止は、県の事務なのだろうか。それとも、市町村の事務なのだろうか。直感的には、市町村の事務と思えるが、前記調査によれば、一七府県が、条例を制定している。

ところで、地方分権一括法により改正された地方自治法二条五項は、都道府県の役割として、「広域にわたるもの、市町村に関する連絡調整に関するもの及びその規模又は性質において一般の市町村が処理することが適当でないと認められるもの」を処理することをあげている。二〇〇〇年度に入って、ポイ捨て禁止条例を制

空き缶等のポイ捨て禁止に関する条例の制定数

（1999年10月１日現在）

区分／都道府県名	制定している地方公共団体数			
	都道府県	政令指定都市	市区町村	合　計
北海道	0（0）	1（0）	16（1）	17（1）
青森県	1（1）	—	4（2）	5（3）
岩手県	0（0）	—	4（1）	4（1）
宮城県	1（0）	1（0）	70（2）	72（2）
秋田県	0（0）	—	11（4）	11（4）
山形県	0（0）	—	14（3）	14（3）
福島県	0（0）	—	22（4）	22（4）
茨城県	0（0）	—	27（23）	27（23）
栃木県	0（0）	—	40（4）	40（4）
群馬県	1（0）	—	4（1）	5（1）
埼玉県	0（0）	—	17（8）	17（8）
千葉県	0（0）	1（1）	28（16）	29（17）
東京都	0（0）	—	23（9）	23（9）
神奈川県	0（0）	2（2）	10（9）	12（11）
新潟県	0（0）	—	18（2）	18（2）
富山県	0（0）	—	6（1）	6（1）
石川県	0（0）	—	13（0）	13（0）
福井県	0（0）	—	4（3）	4（3）
山梨県	1（0）	—	63（0）	64（0）
長野県	0（0）	—	23（11）	23（11）
岐阜県	0（0）	—	42（22）	42（22）
静岡県	0（0）	—	20（4）	20（4）
愛知県	1（0）	1（1）	63（4）	65（5）
三重県	1（0）	—	45（31）	46（31）
滋賀県	1（0）	—	16（0）	17（0）
京都府	1（0）	1（1）	6（1）	8（2）
大阪府	0（0）	1（0）	37（0）	38（0）
兵庫県	1（0）	1（1）	11（4）	13（5）
奈良県	0（0）	—	6（4）	6（4）
和歌山県	0（0）	—	5（3）	5（3）
鳥取県	1（1）	—	0（0）	1（1）
島根県	0（0）	—	15（9）	15（9）
岡山県	0（0）	—	10（3）	10（3）
広島県	0（0）	0（0）	22（9）	22（9）
山口県	0（0）	—	28（5）	28（5）
徳島県	1（0）	—	2（1）	3（1）
香川県	1（0）	—	16（5）	17（5）
愛媛県	0（0）	—	4（0）	4（0）
高知県	0（0）	—	10（8）	10（8）
福岡県	1（0）	2（2）	86（49）	89（51）
佐賀県	1（0）	—	15（0）	16（0）
長崎県	1（0）	—	79（0）	80（0）
熊本県	1（0）	—	35（32）	36（32）
大分県	0（0）	—	37（4）	37（4）
宮崎県	1（0）	—	44（1）	45（1）
鹿児島県	0（0）	—	7（5）	7（5）
沖縄県	0（0）	—	14（11）	14（11）
合　計	17（2）	11（8）	1,092（319）	1,120（329）

（注）（　）内数は、ポイ捨てに係る罰則規定を有しているものの数である。

［出典］環境庁長官官房総務課環境調査室『空き缶等のポイ捨て禁止に関する条例の制定状況』。

定した県がある。こうしたところでは、前記役割を踏まえたうえで、県の事務と判断したということだろう。それは、どのような意味においてなのだろうか。

「広域的ゆえ県の事務」

私の調査によれば、広域的対応の必要性が、理由とされていた。県内には、すでにポイ捨て禁止条例を制定している自治体があるが、制定していないところもあるために、そこは「空白地帯」となっており、それが広域的観点から問題であるということのようである。

この点をどのように考えればよいだろうか。県内でポイ捨て禁止条例を制定していない市町村は、「それは、モラルの問題であって、法政策対象としてポイ捨てを問題にするには及ばない。」という判断をしたとみることもできる。そうした判断を覆して県レベルで対応するような必要があるのだろうか。大きなお世話といわれるかもしれない。

ダブルの義務づけの合理性？

県条例と市町村条例の関係について、罰則つきの市町村条例が制定されていれば、その地域には県条例を適用しないという調整規定が設けられることがある。それはそれで、妥当な法政策である。しかし、たとえば、①〜③のような対応を条例でしている町域には、県条例も適用されるのである。抽象的にいえば、そこにいる人は、県民および町民として、それぞれの立場で同じ義務づけをされることになる。また、そこでしたポイ捨て行為は、町民としては処罰されないけれども、県民としては処罰されるということになる。何か変ではないだろうか。どのような県の法益が侵害されたというのだろうか。

ポイ捨て禁止は市町村事務

ひとつの対応は、罰則の有無にかかわらず、ポイ捨て禁止条例を制定している市町村に対しては、県条例を適用しないとすることである。ただ、これでは、ポイ捨て禁止条例を制定しないと積極的に判断した自治体の意思が尊重されないことになってしまう。そうすると、そもそもポイ捨てに対する事務というのは、一般的には、地方自治法二条五項にいう県の事務ではないと整理するのが、妥当かもしれない。あくまで抽象的な責務規定にとどまったり市町村への補助を規定するなら別であるが、具体的な義務づけを伴う規制は、県条例としての条例制定権の範囲を超えているということになりはしないだろうか。

分権時代においては、現行の県条例がいかなる意味で県の事務といえるのかについて、自覚的に見直すことが必要である。また、新規条例についても、同様の視点からの検討が大切である。

第5章 環境刑法の政策と実態

1 「徹する警察」を超えて
――環境犯罪と司法的執行

刑罰は張り子の虎?　ある行為に刑罰をもって対応するのは、社会が、その行為の抑止を重要視しているからに他ならない。しかし、環境法の立法者は、それほど真剣に刑罰規定のことを考えているようには思われない。

環境法の刑罰規定が効果を上げるためには、それが、実際に適用可能でなければならない。適用可能でない規定は「張り子の虎」にすぎないからである。適用可能性という点は、警察・検察・行政それぞれについて、議論することができる。

捜査のやりやすさの観点　警察にとっては、法律規定が明確で捜査がやりやすいことが、重要なポイントである。

構成要件明確性については、法律案作成過程における法務省との協議を通じて、十分にチェックされているはずであるから、その面では、問題は少ない。しかし、構成要件が明確であることは、捜査のやりやすさを、必ずしも意味しない。たとえば、廃棄物処理法は、不法投棄を禁止するが（一六条）、二〇〇〇年改正法以前は、投棄物件が一般廃棄物か産業廃棄物かで、罰則の適用法条が異なっていたのである（旧法二五条六号、二六条五号）。産業廃棄物対策重視の立法政策の結果であるが、廃棄物かどうかの判定が困難なうえに、一般と産業の区別もしないといけない捜査担当は、かなり大変だっただろう。野生動植物の違法捕獲と取引規制に関しても、規制制度に抜け穴があることが、指摘されている。条例制定過程においても、条例案を作成する行政は、地方検察庁とは協議するものの、警察本部との協議はしないのが、通例である。警察は、法律にせよ条例にせよ、捜査担当という立場で法案作成過程にコミットすることが、必要であろう。とりわけ、法律については、警察庁は、捜査現場の意見を踏まえて対応すべきである。

求められる執行体制の強化　一定の人員を備えている地方検察庁であれば、行政刑法のひとつである環境刑法にも、それなりの対応ができるだろう。ところが、薬物や銃器などは例外であるが、現実には、種々の理由で、一般刑法犯の処理が、優先される。生活経済担当という形で、とにかく行政法犯に対応するような体制が整えられている警察はまだましであって、検察には、そうした体制がある方が、稀である。いきおい、環境事犯は後まわしにされる傾向があり、「そこを何とか」と粘る警察担当者との「舞台裏での熱い戦い」が、繰りひろげられる。「検事に一杯飲ませて説得する。」という話は、警察官からよく耳にする。

立法者が環境保護を真に重視するのであれば、作用法だけではなく、執行体制にまで目配りをした組織法の整備を怠ってはならない。たとえば、アメリカ合衆国では、地方検察庁のなかに環境犯罪の専門組織がある。

また、環境担当行政部局のなかに、刑事捜査専門官が、配備されているのである。制度的には、スムーズな摘発と送致が、可能になっている。自然保護法や関係条例に違反して高山植物が盗掘されても、二〇〇〇m級の山に現場検証に出かけることに警察は消極的という話も聞く。柔剣道での鍛錬のほかに、登山訓練も必要ということだろうか。これからは、関係NPOとの協力も検討すべきであろう。

現職警察官の派遣と出向　環境犯罪の摘発にあたって、行政が果たす役割が大きいことは、いうまでもない。警察と検察は、関係法令の解釈を、かなりの程度、行政に依存することになる。また、悪質性のきわめて高い行為が行われていても、行政命令違反ではじめて刑事責任を問えるようになっている場合には、的確に命令を発出してもらわなければならない。行政が警察よりも端緒の把握を早くしていることも、少なくない。行政は、事件を「抱え込む」傾向にある。それを積極的執行の方向に転換することをおそらく目的のひとつとして、現職警察官が産業廃棄物行政部局に出向・派遣されているのは、相互の「独立性」を原則としてきた環境法執行実務における新しい展開である。環境犯罪全体を考えるならば、環境総務部門に所属させ、廃棄物処理法以外の法律の執行にあたっても、ノウハウの提供などをしてもらうことが、必要ではなかろうか。

行政官でありながら一定の司法警察権限を行使できる特別司法警察員制度は、鳥獣保護狩猟法にもあるが（二〇条ノ四）、全く機能していない。この制度に対する警察・検察の信頼も、それほど高くない。環境犯罪への対応強化を考えるならば、たんなる順送り人事ではなく、警察の協力のもとに充実させるべきポストである。

合理的な法制度のために発言を　警察は、法律制度を所与として、その適切な執行に徹することを、任務としている。制度に対して文句をいうなどとんでもないという認識がある。「プロ意識」であろうか。しかし、必ずしも合理的ではない環境法制度が現場に困惑をもたらしているとするならば、捜査担当の立場でその点を指摘して、制度それ自体を改善することも、現場を預かる組織の重要な役割ではなかろうか。警察以外にそれをすることができる主体はないのである。

2 「鬼に金棒」のはずだけど……
——鳥獣保護狩猟法の特別司法警察員

究極の執行組織？　行政官は、法律に関する専門的知識は持っているけれども、司法警察権限がないから、犯罪をみつけても迅速に対応できない。警察官は、司法警察権限を持っているものの、法律に関する専門的知識に欠けるところがあるので、的確な判断ができない。そこで、この二つを合体させれば、「鬼に金棒」の法律執行が可能になる……。

こうした発想をもとにした制度が、特別司法警察員である。麻薬取締官や海上保安官は有名であるが、環境法にも、そうした制度を持つ法律がある。鳥獣保護狩猟法が、それである。

鳥獣保護狩猟法の特別司法警察員は、一九五八年から、制度化されている（同法は、当時は、「狩猟法」と呼

「鬼に金棒」のはずだけど…
y.miyagawa2001

ばれていた。）。制度化の理由としては、鳥獣保護狩猟法違反が、警察官の配置が比較的少ない山林などで発生することが多いことと、行政職員としての巡回活動をしているときに犯罪に遭遇する機会が多いことが、あげられている。

看板だおれの現実　特別司法警察員に任命されるのは、都道府県の鳥獣保護狩猟行政担当者である。「あて職」的に任命されていることが多いために、全国で、一、〇〇〇人以上もの行政職員が、鳥獣保護狩猟法に関して、捜査権や逮捕権を与えられているのである。

問題は、行政措置権限も捜査権なども併有している職員が、実際にどのように行動をしてどのような成果をあげているかである。制度のうえからは、厳格な法執行への期待がかけられているように思われるのであるが、調査によれば、少なくとも、特別司法警察員としては、まったく機能していないといっても過言ではない状況にある。その理由は、以下のとおりである。

「役立たず」の理由　第一に、そして、最大の理由は、捜査権や逮捕権を行使するに足る十分なトレーニングを受けていないことである。たまたま、人事異動でそのポストになったという理由で任命されるのである。研修制度もあるが、全員が受講するわけではないし、研修自体も、わずか数時間と、不十分なものである。

第二は、特別司法警察権限を与えられる当の行政官にとっては、「それは余計な仕事」という認識があることである。許可更新などの事務がいわば「本職」なのであって、「慣れない仕事」に熱心でないのは、理解できないわけではない。トレーニングを受けたからといって、積極的に権限を行使はしないだろう。

第三は、行政官にとっては、公式的な行政権限の行使でさえも抑制的なのが通例であるから、まして捜査権・逮捕権の行使など、「思いも及ばない」ことである。

警察組織において、鳥獣保護狩猟法を担当するのは、銃器対策課あるいは生活経済課であるが、特別司法警察員が「活躍する」ことについて、一般司法警察である警察本部側は、まったく期待していない状況にある。警察権限については、「特別＝一般」関係があり、前者が優先されるのが理屈ではあるが、下手に現場をいじって証拠能力をなくしてしまうことや、下手に犯人に立ち向かってトラブルになることが、懸念されている。違反を発見しても、すぐに通報してくれるだけでよく、「余計なことをしてほしくない。」というのが、警察の「期待」といってもよい。

ホンモノへの期待　一方、能力不足とやる気なしを自認する特別司法警察員の警察に対する期待はというと、これは、何といっても、「本物の」司法警察員としての活動である。違反現場に同行してもらって、制服警察官の面前で違反者に行政指導をすると、効果も倍増するようである。また、粗暴な振舞いをする者もいるところから、「そのスジの人」の対応に慣れた警察官の存在には、心強いものがあるようである。

かくして、「鬼に金棒」というタテマエではあるものの、少なくとも「金棒」をすっかり放棄して、ちゃっかりと行政権限担当に徹しているのが、鳥獣保護狩猟法のもとでの特別司法警察員の実態なのである。もっとも、「鬼」にもなっていないのも、これまた実態である。鳥獣保護狩猟法の行政現場に司法警察権限を持つ者が真に必要ということであれば、警察本部からの派遣か、すでに産業廃棄物担当に派遣されている警察官の所掌事務の拡大が、検討されるべきであろう。

3　想いをのせる法的根拠？
——自治体環境基本計画と警察

環境基本条例における警察の位置　環境基本条例は、自治体環境行政の基礎となるものである。二〇〇〇年三月末現在、山梨県と福岡県を除く四五都道府県、北九州市を除く一一政令指定都市が、制定している。そこには、自治体としての環境行政の基本理念や基本指針、具体的な施策などが、規定されている。

ところで、分権改革によって、機関委任事務制度が、廃止された。国設鳥獣保護区における許可や国立公園における許可のように、自治体行政区域内であっても国の直接執行となったものもあるが、法定受託事務にせよ自治事務にせよ、多くの事務が、「自治体の事務」となった。法律・条例の適正な実施によって良好な環境を保全・創造する責務は、一層増したということができる。

環境規制に関して、行政は、実効性を気にする。条例案を作成する際にも、罰則規定を設けることは、実効性確保の重要な要素と認識しているようにみえる。それでは、環境基本条例やそのもとでの環境基本計画は、警察の活動をその射程に入れているのだろうか。どうも、そうした認識は、ないようである。しかし、平素からの連携が重要なのであり、環境基本条例や環境基本計画において、警察のことを考えていないのは、奇異な感じがしないではない。

基本計画実現をサポートする　一方、県警本部の側は、一般には、環境法の執行に対して、それほど関心があるわけではない。もちろん、例外はある。たとえば、北海道警察本部は、一九九九年に、警察庁が『環境犯罪対策推進計画』を策定した直後に、道警独自の『北海道警察環境犯罪対策推進計画』を策定し、高山植物盗掘など、警察庁の計画よりも広い分野について、対応する方針を立てているのである。道内の環境犯罪対策に関する警察の強い意思を感じることができる。そこで、こうした計画を、環境基本計画の実現をサポートするものとして、位置づけることはできないだろうか。

もちろん、事実上の連携は、可能である。ただ、法的に整理すると、話は、少々複雑になる。一九九六年に制定された北海道環境基本条例の一〇条は、知事に環境基本計画を策定することを義務づけている。道警の推進計画は、環境基本計画の実現を促進する機能を有するから、それと同等のレベルの計画と整理できないではない。ところが、道警本部長に対して、そうした計画の策定を具体的に指示した条文はないのである。知事が要請する旨が、条例や基本計画に規定されているわけでもない。

かろうじて居場所をみつけると……　それゆえに、環境保全に関して、警察本部が具体的計画を策定することが少ないのであろう。しかし、策定するとなると、自治体の条例体系のなかのどこかに「居場所」をみつけることが、実務的にも必要である。そもそも念頭に置かれていなかったのであるから、整理は苦しくなるのであるが、あえて法的根拠をみつけるならば、それは、四条が規定する「道の責務」になるだろう。

同条は、「道は、環境の保全及び創造に関する総合的かつ計画的な施策を策定し、及び実施する責務を有する。」と、抽象的に規定する。「国」という文言が、三権を含むと同様に、「道」という文言は、知事部局以外にも、議会や道警本部を含んでいる。道警本部は、司法的執行という任務の観点から、対策推進計画を策定して、独自に環境の保全と創造につとめているということになるのだろう。ただ、四条の具体的措置として、一〇条に環境基本計画が規定されていることと比べれば、対策推進計画の法的位置づけが弱いことは、否めない。

行政を意識した計画の改訂　環境基本計画と環境犯罪対策推進計画は、両者相俟って、北海道の環境を保全・創造するものである。道警本部は、二〇〇〇年一〇月に、対策推進計画を改訂した。改訂にあたっては、道庁とも協議がされており、北海道環境基本計画と一体化した内容となっていると整理されている。今後、立法的には、環境基本条例を改正して、警察の役割を明記することも、検討されるべきであろう。

4 前科一犯二人乗り？
――自転車に対する道路交通法適用

駅前の嫌われ者　自転車は、二酸化炭素や窒素酸化物を排出しないことから、「環境にやさしい乗り物」とされる。自動車や原付に代わって、普及に力が入れられているところである。しかし、自転車は、駅前の無秩序な放置にみられるように、都市環境や都市景観の観点からは、問題の多い存在である。駐輪場確保には、自治体も知恵を絞っているが、利用料金が高かったり駅から遠かったりで、閑古鳥が鳴いているところも、少なくない。また、諸般の事情で、駐輪場の確保が困難になっており、それが放置率の高さにつながっているところもある。

悪い交通マナー　自転車は、また、都市の交通安全の観点からも、問題視されている。『平成十一年度交通安全白書』によれば、車両別にみた交通事故件数は、自動車に次いで自転車が多く（自動車はダントツの一位であるが）、全体の一四・六％を占めているのである。

自転車は、自動車との事故が九〇％と多い。したがって、そのかぎりでは、「交通弱者」ということができる。東京都でみれば、一九九八年一二月には五四人、一九九九年一月には五五人と、死者も急増していた。しかし、歩行者に対して加害者となる場合も、目立っている。いずれにせよ、その根底にあるのは、運転マナーの悪さである。事故の七二％には、自転車利用者の人的要因がからんでいるといわれる。

自転車も「車両」　ところで、自転車も、道路交通法上、れっきとした「車両（軽車両）」である（二条一項一一号、一一号の二）。したがって、関係する範囲で、道路交通法が適用される。たとえば、原則として道路の左側を通行しなければならないし（一七条四項）、指定最高速度を遵守しなければならない（二二条一項）。また、夜間の走行にあたっては、灯火をつけなければならない（五二条一項）。

試験を受けて免許証を持っていなければ、道路交通法に規定されているルールは、十分には知らないだろう。また、持っていても、自転車に乗るときは、それほど気にしていない場合もある。結果的に、道路交通安全の観点から看過しがたい場合には、道路交通法違反をしている自転車運転者に対する法執行が必要になることもある。

検挙件数一〇倍増！　しかし、何といっても「たかが自転車」であるし、全国的にみても、一九九八年度までは、検挙事例もきわめて少なかった。世上言われるところの「交通警察官のノルマ」の対象にもなっていなかったのだろう。ところが、前述の状況に危機感を抱いた警視庁は、一九九九年度より、たんなる注意にとどめず、自転車に対する執行を強化する方針を打ちだしたのである。

その結果、同年度には、全国で二二六件のうち、東京都が一六四件（七三％）の検挙を数えるまでになった。前年度までせいぜい二〇件程度であった検挙事例が約一〇倍になったのは、警視庁の「がんばり」に原因がある。その次には、静岡県が、（かなり離れて）続いている。違反原因は、二人乗りが典型的である「乗車・積載違反」が、圧倒的に多い。少数ながら、「酒酔い運転」もある。

反則金の適用外　路上で検挙された運転者には、すべて交通切符が切られる。なお、自動車の場合には、いわゆる反則金制度があり、その納付がされれば、違反処理は完了する。しかし、自転車の場合、反則金（一二八条）の対象とはならず（一二五条一項）、刑事事件となり、罰金が科されることになる。警視庁の場合、実際には、すべてが起訴猶予のためそうしたことはないが、起訴され有罪となると、立派に「前科一犯」である。

「あなたはだあれ？」　ただ、刑事処分をすることが実際に可能かとなると、手続上、問題もありそうである。たとえば、免許証がないために、人定確認をどのようにするかである。

学生証を持っていればそれで確認し、自宅に電話してそうした者が家族にいるかどうかを確かめる。一人暮らしの場合には、大学の教務係かゼミの先生に風貌を伝えて確かめる。しかし、いずれの場合にも、「そんな奴は知らない。」といわれれば、難しい。チャパツ・ガングロ・メジロ・鼻ピアス娘になど、あっという間に変身できるのである。

5 聞いてないゾッ！
――条例における刑罰規定の設け方

条例に刑罰を入れるには……　地方自治法一四条三項によれば、条例には、二年以下の懲役や一〇〇万円以下の罰金といった刑罰を規定することができる。その範囲内で、犯罪とされる行為に対して、比例原則に配慮しつつ刑罰の内容を決定するのは、形式的には、議会であるし、実質的には、条例案を準備する行政担当部局である。

とはいえ、刑罰の実現は、行政だけでできるわけではない。適用しようとすれば、不可避的に、警察の捜査や検察の起訴に頼らざるをえないのである。そうなると、条例案起草過程から、司法警察当局との協議が必要であるように思われる。実態は、どのようになっているのだろうか。いくつかの自治体での調査によれば、以下のとおりである。

必須の検察調整　ほとんどの場合、条例案の起草にあたる原課が、地方検察庁と協議を行なっている。検察においては、企画調査課が窓口のようである。協議の理由として、多くの自治体があげたのは、刑罰規定の構成要件の妥当性を確認するとともに、万が一の適用に備えて、協力関係を確立することである。客観的にみて問題のない規定であっても、協議を経て合意を得ていることで、「刑罰規定を使ってもよい。」という「お墨付き」をもらっているということになろう。さもないと、刑事告発をしようと思っても、「聞いていない。」ということで、手続がスムーズに進まない可能性がある。

そのようにする行政内部の手続上の根拠は、必ずしも明確ではない。「明文の根拠はなく慣例上」と回答した自治体が多かった。独自に作成している『事務処理の手引き』のようなもののなかで、慣行を確認的に表記しているところもある。また、「検察からの通知があるから。」と回答したところもある。通知がある場合、それは、地方検察庁からのようである。そうした通知はないという回答もあったから、法務省レベルではなく、地方ごとに決められているのだろうか。県の市町村課が、検察との協議を指導している場合もある。

協議の実際　回答は、文書でされることもあれば、意図的に文書にしないこともある。このあたりの対応の違いの理由は、明らかではない。行政の起案による条例案であることを重視して、「証拠を残さない」ようにしているのだろうか。告発されたら受けざるをえなくなることを懸念するからだろうか。もちろん、告発を受けないという裁量はないのであるが、種々の理由で突き返されることも少なくないようである。

協議の場合、実際には、いきなり文書照会をして回答を得るのではなく、事前に「非公式の」打ち合わせがある。問題点は、その過程で指摘され、正式の照会に対しては、「問題ない。」というような内容が回答されるようである。小さい地方検察庁の場合には、検事が多忙でなかなか回答を得られないこともある。行政は、条例案の上程期限を気にしながらの作業となる。

無視される警察　ところが、警察との協議となると、実施していない自治体の方が多かった。刑罰規定があれば仕事が増える可能性があり、構成要件の規定のされ方次第で捜査のやりやすさが決まるのであるが、結果的に、警察は、制定された条例を適用するだけの役割となっている。

なお、地方分権一括制定に伴う地方自治法改正によって、新たに五万円以下の過料を条例に規定することができるようになった。過料は、行政きりで科することができるサンクションである。比例原則からすれば、手続義務違反などの軽微なものに対して、適用できるはずである。しかし、調査のかぎりでは、自治体は、過料規定の活用に、それほど積極的ではない。告発の手間はなくなるものの、それなりに慎重な行政手続が必要であるし（地方自治法二五五条の三）、何より警察の権威をタテに行政指導をすることができなくなるからであろうと思われる。

第6章
産業廃棄物をめぐる法と政策

1 適正処理は適当処理？
――原始・廃棄物処理法

全文三〇条で出発　「原始」といっても、石器時代のことではなく、制定当時の廃棄物処理法の話である。同法は、制定後、四度の大改正を経ているために、条文の枝番号があったり条文番号の移動があったりで、現在では、その当初の姿が、よくわからなくなっている。一九七〇年の公害国会で制定された廃棄物処理法とは、どのような内容だったのであろうか。全文三〇条の原始・廃棄物処理法の特徴をみてみよう。

後始末法？　現在の法律と比較して、第一に注目されるのが、目的規定である。排出抑制や再生といった政策は認識されておらず、もっぱら、「出てきた廃棄物を適正に処理する」ことが考えられていた。「不法投棄天国」といわれた前身の清掃法時代に比べれば、「適正処理」なる概念が取り入れられたことは進歩であったが、「蛇口を閉めずに風呂の水をかきだす」ような状態でもあった。

永久ライセンス？　第二は、産業廃棄物処理業許可である。現在では、五年ごとの更新制であるが、当時は、能力がＡ級でなくても与えられる「永久ライセンス」であった。もっとも、現在でも、更新時に拒否される場合はほとんどないから、実態は、当時から変わっていないともいえる。

野放しの最終処分場　第三は、産業廃棄物最終処分場が、規制対象になっていなかったことである。規制の態様は、届出制であったが、対象となったのは、廃プラスチック処理施設などの中間処理施設であった。最終処分場は、一九七六年改正ではじめて届出対象とされることになる。それまでは、廃棄物のいかんを問わず、「穴をほって埋める」状態だったであろう。重化学工業を基幹とする高度経済成長時代の遺産が、そこかしこに眠っているかと思うと、おそろしい。

許可業者性善説？　第四は、不法投棄は禁止されており（一六条）、五万円以下の罰金も規定されていた（二七条）。しかし、投棄物件の後始末に関する規定がなかったのである。排出事業者に関しては、措置命令があったが（一二条四項）、許可業者が不法投棄をした場合には、処分基準違反を処罰する規定もなかったし、撤去を命ずる法的根拠も用意されていなかったのである。まさかそうしたことがありえないと考えたわけではないだろう。委託処理が通例であることに鑑みれば、この点での法律の不備が、土地所有者や都道府県・市町村に大きな負担をかけたことは、疑いがない。不法投棄に対する警察の認識も、当時は低く、厳格な執行がされたとはいえなかった。かくして、「適正処理」という考え方を導入はしたものの、実際には、「適当処理」しかされていなかったのではなかろうか。

先進的な不利益処分手続　三〇年前に制定された法律であるのに、意外な先進性を感じさせるのは、不利益処分の手続である。すなわち、一般廃棄物処理業許可および産業廃棄物処理業許可の取消などにあたっては、

「あらかじめ、当該処分を受けるべき者にその処分の理由を通知し、弁明及び有利な証拠の提出の機会を与えなければならない。」と規定されていたのである（七条七項、一四条四項）。後に行政手続法に吸収される手続規定は、廃棄物処理法の前身である一九五四年制定の清掃法にもある（一五条六項）から驚きである。手続的な先進性とみるか、取消がなるべくできないように厳格な手続を設けたのか、どちらだろうか。

沈黙する会議録　これらの法政策がとられた理由を知るには、廃棄物処理法案が審議された第六四回国会の会議録を読むのが、ひとつの方法である。しかし、第六四回国会衆参厚生委員会の会議録を読むと、主たる論点になっているのは、「一般廃棄物処理体制がこれまでとどう変わるか。」「国鉄は黄害問題（公害ではない！）にどのように対応するのか。」といった事項であり、後からみれば大きな問題に発展する産業廃棄物に関する諸論点については、何の議論もないに等しい状態なのである。当時の認識を示していて、興味深い。

2　こんなはずではなかったが……

――不法投棄原状回復基金の門出

「タテマエはいいから……」　基金を設けて、それによって産業廃棄物の不法投棄の処理をする。こうした発想は、一九九一年の廃棄物処理法改正時にも、議論されていた。しかし、「そんなことをすれば、捨て得になるだけ。」という理由で、改正法には、取り込まれなかった。

ところが、その後も、不法投棄は、減少する気配をみせず、香川県豊島事件・福島県いわき事件・佐賀県唐津事件という、いわゆる「日本三大不法投棄事件」が社会的に問題になるなどして、「スジ論はともかく、何とかしなければ……」という雰囲気になってきた。そこで、一九九七年の廃棄物処理法改正にあたって、産業廃棄物適正処理推進センターに基金を設けて、それを用いた不法投棄対応が制度化されるに至ったのである。立場の違いはあれ、基金制度は、かなりの期待をもって迎えられた。適正処理推進センターとして指定されたのは、産業廃棄物処理振興財団である。ここに、国と産業界から拠出された基金が積まれ、それを利用して、一九九七年改正法施行後の不法投棄の原状回復がされることになっている。過去のものには使われないのである。

基金の仕組み　その額は、一九九八年度、（施行日以降、半年しかなかったために、）国が一億円、産業界が二億円であった。二年目の一九九九年度には、総額六億円のうち、国が二億円、産業界が四億円拠出することになっている。産業界の負担割合は、建設業界が七〇％、産業廃棄物処理業界が一〇％、その他が二〇％となっていた。建設業界の拠出割合が大きいのは、不法投棄に占める建設廃材の割合が約九〇％となっていたことによる。ところが、問題が起きている。一九九九年度になって、産業界が、拠出を拒否しているのである。

拠出拒否の理由　もちろん、拠出は任意であるから（廃棄物処理法一三条の一五）、払わないことに法的な問題はないといえばない。しかし、制度づくりのときには、継続して払うことが合意されていたはずである。どのような事情があるのだろうか。

負担を嫌う自治体　第一は、改正法前の不法投棄対応実績が、原因となっている。一九九八年度には、基金とは別に、一年をかぎって、問題が山積していた過去の不法投棄物件の処理にあてるために、国が二〇億円を準備した。これは、都道府県の実施する原状回復の全額をカバーするのではなく、三分の一しか補助しない。残りの三分の二は、都道府県が調達しなければならないのである。その結果、いわき市の不法投棄物件の撤去事業などに用いられはしたものの、約六〇％の一二億円あまりが消化されたにすぎない。過去の不法投棄物件は、行政の怠慢もあって、原状回復にかなりの費用を要する。三分の二の裏補助の必要性があるかぎり、持ち出し額は半端ではないために、容易には利用できないのである。

「まず昔のものから……」　第二は、第一の問題と関係している。一九九七年改正法のもとで、基金を用いて原状回復がされる場合には、都道府県は、四分の一の負担ですむ。しかし、改正法施行後の不法投棄物件は、原状回復にそれほどの費用を要しない。それゆえに利用できそうに思われるが、よりひどい過去の不法投棄物件を原状回復しないで、より軽微なものを処理することには、社会的にみても、困難が伴うようである。制度としては、一九九七年改正法以前のものとそれ以降のものとでは、対応が異なるのであるが、そうした区別は、一般には、理解されにくい。産業廃棄物処理振興財団では、基金の積極的な利用をよびかけているが、都道府県の反応は、思わしくない。

「まだあるのに出せるか」　第三は、利用の低調さである。一九九八年度には、三億円の基金が積まれたが、実際に利用されたのは、わずか約四〇〇万円であり、消化率は、一・三％にすぎない。そんな状態で、一九九九年分の基金を拠出せよといっても、産業界としては、おいそれと応じるわけにはいかないのである。おまけに、その四〇〇万円を使ってなされた兵庫県の原状回復にかかる不法投棄物件は、硫酸ピッチであって、七〇％の基金拠出をしている建設業界に関するものではなかったのである。

利用があまりされないと、会計検査の目も厳しいだろう。しかし、一九九七年改正法以降の不法投棄に適用するとしているから、まさか、今さら、過去のものにも使うというわけにはいかない。産業界も納得しないだろう。華々しくデビューした基金であるが、（予想通り？）早くも暗礁に乗り上げている状態なのである。

その後の状況　二〇〇〇年度は、政府の説得もあって、支払いされたが、二〇〇一年度になって、とりわけ建設業界が、支出を拒否している。拒否の理由は複雑なようである。産業界からの支出の減少にあわせる形で国からの拠出も減少しているので、二〇〇一年度は、本来六億円のところが二億円になりそうである。

関係者の努力もあって、基金制度の利用は、スタート時の低調傾向から増加傾向に転じている。任意拠出としなければ成立しなかったこの制度であるが、それゆえにゆきづまっているのが現状のようである。

3　開き直った方が勝ち？
——履行不可能な原状回復命令と刑罰

刑罰が使えない場合　刑罰は、行政法上の義務の履行を確保するための手法である。環境法規にも、排出基準の遵守義務違反に対して直ちに刑罰を科すことができる「直罰制度」や、改善命令などの行政命令遵守義務違反に対する刑罰が、規定されている。

もっとも、これらの刑罰規定が必ずしも十分に執行されているとはいえないことは、共通の認識になりつつある。その大きな理由は、行政が使いたがらないことや、一般には、警察も必ずしも積極的でないことである。執行組織側の問題である。しかし、行政も警察も刑罰を科したいと思っているのに、それが困難な場合がある。前提となる行政命令が、相手方に対して、実現不可能な内容を命じているようなケースである。

履行不可能な命令違反　その典型例が、産業廃棄物不法投棄に対して発出された原状回復命令である。廃棄物処理法一九条の五によれば、産業廃棄物処理基準に適合しない処分が行なわれた場合において、それが生活環境保全上の支障を生ずるおそれがあるようであれば、都道府県知事は、当該処分をした者などに対して、必要な措置を講ずるよう命ずることができる。

代執行には命令が必要　告発ほどではないにせよ、一般に、行政は、行政命令の発出にも消極的である。しかし、産業廃棄物の原状回復命令は、廃棄物処理法一九条の六などをつうじて、行政代執行ができる。逆にいえば、行政代執行手続によって不法投棄物件の処理をしようとすれば、その前提として、原則として、原状回復命令が出されていなければならないのである。

一九九七年の廃棄物処理法改正は、行政による代執行手続が、より簡易迅速にできるための措置を講じた。従来、「不利益の放置が著しく公益に反する」のでなければできなかった行政代執行を、たんに命令違反をもってすることが可能としたのである。また、行政が自らすることによって要した原状回復費用も、その一部を、産業廃棄物適正処理推進センターに造成された基金から支出することができるようにもした。二〇〇〇年改正法は、原状回復規定を、さらに整備した。したがって、少なくとも理屈では、行政は、より早期に原状回復命令を発出して、不法投棄による生活環境への被害を最小限に食い止めることができるはずである。

悪銭身に付かず　命令の対象となる不法投棄者はといえば、「悪銭身に付かず。」であって、違法活動によって得た利益を、命令を受けるときにたんまりと持っていることはないのが、実態である。不法投棄の利益は、暴力団組織に吸いあげられているとも聞く。命令に際しては、行政手続法にもとづいて、相手方の言い分を聞く聴聞がされるから、そこで、不法投棄者は、「命令がされても金がないから撤去はできない。」と主張するかもしれない。ただ、原状回復命令は、投棄物件が生活環境にどのような支障を及ぼしているかによってその発出が決定されるのであって、命令の相手方に撤去能力があるかどうかは、要件とはされていない。期限までに履行されないと、代執行手続に移行するだけである。

できないことは責められない　ところが、問題になるのが、原状回復命令違反に対する司法的執行である。

廃棄物処理法二五条三号によれば、命令違反は、五年以下の懲役または一、〇〇〇万円以下の罰金となっている。命令違反に対して刑罰を科すのは、違反に関して、非難がされるべき理由があるからである。しかし、そもそも実現可能性が期待できないことが明白な者に対して発出された原状回復命令が、予想通りに不履行となったからといって、命令の相手方を、その不履行ゆえに非難することができるだろうか。もちろん、不法投棄それ自体は、廃棄物処理法一六条が絶対的に禁止する行為であって、その違反に対しては、同法二五条八号が刑罰をもって対処しているのであるが……。

このように、期待可能性がないために刑事的責任を問えないという、何ともおかしな結果になってしまう。命令違反罪に関するかぎりでは、「開き直った方が勝ち。」ということになる。命令履行能力がないことを不法投棄者が証明しないかぎり有罪にするという処理がよいのであるが、検察に証明責任があるという刑事訴訟法上の大原則を踏まえれば、そうした対応は、無理である。とにかく処罰を考えた場合に、せいぜいできるのは、聴聞手続において、原状回復の可能性について不法投棄者から何らかの積極的な言質をとっておくことくらいだろうか。

4 県境越えれば無責任？
——越境不法投棄と原状回復事業

ある仮想事例　こういう例を考えてみよう。A県で発生した産業廃棄物が、B県で不法投棄された。不法投棄したのは、許可を受けている収集運搬業者であったが、排出事業者がマニフェストを交付していない事案であった。B県知事は、A県内に事業所を有する排出事業者に対して、廃棄物処理法一九条の五第一項三号ニにもとづいて、原状回復のための措置命令を発した。しかし、当該排出事業者は、倒産しており、資力がない。そこで、一九条の八第一項三号に該当すると判断して、B県知事は、自ら撤去・適正処理をした。費用として、二、〇〇〇万円要した。

隣県行政の尻ぬぐい？　現行法制度のもとでは、廃棄物処理法が規定する簡易な代執行を含む行政代執行の費用は、その前提となる措置命令を発した県が、とりあえず全額支出することになっている。措置命令は、当該県における「生活環境の保全上支障が生じ〔る〕」から出されるのであるから、当然といえば当然である。

しかし、B県としては、納得がいかない面もあるのではないだろうか。すなわち、マニフェスト交付義務違反の排出事業者はA県にいるのであり、そこに対しては、A県知事が監督権限を持っているのである。

また、不法投棄の実行犯である収集運搬業者は、B県の許可を持っているが、それと同時に、A県の許可も持っているのである。A県の方で、適正に指導や監視がされていれば、少なくとも、B県に越境して不法投棄をすることなどなかったのではないか。A県に、二、〇〇〇万円の一部を負担してもらいたい……。

不法投棄地主義の壁　ところが、法律によれば、B県の全額負担である。このように、まさに、オール・オア・ナッシングであって、行政対応の責任は、「不法投棄地主義」となっている。「捨てられ損」とは、こうした意味においても指摘することができる。A県としては、法制度上は、責任はないとはいえ、何となく「うしろめたい」気がするのではないだろうか。

負担調整のルールはあるか？　こうした状況に対して、どのような対応が可能であろうか。第一は、行政費用について、B県がとりあえず支出するとしても、A県の負担責任を認めることがある。しかし、すぐに思いつくのは、「どのような基準で責任を分配するか。」である。結果として、B県内で不法投棄がされたのであるから、そのようなことがないように、B県内で収集運搬業者を指導・監督したり、山間部の巡回を強化するなどの措置がうまくいかなかったことになる。B県に落ち度がなかったとはいえない。割合を法的に決定するのならば、それなりに合理的なルールが必要になるが、正面からの法制度化は、難しそうである。

そうなると、第二の方法として、A県が、事実上、相当の負担分をB県に支払うということが考えられる。その割合の決め方は、まさにケース・バイ・ケースであろう。ただ、A県としては、行政上の監督ミスを前提に支払いが求められるが、現行法制度上は、そうしたことにはなっていないため、負担を少なくしようとすれば、自らのミスを低めに評価することになる。また、産業廃棄物行政サイドは、総合的判断から、そうした対応に理解を示すとしても、財務当局は、そうはいかないだろう。

そのほかにも、排出事業者が複数県にわたっている場合、複数県を通過した場合など、程度の差はあれ、指導・監督にかかる行政責任が分散しているケースがある。かりに負担を求めるとしても、調整は、複雑そうである。

監督強化のインセンティブに　産業廃棄物については、広域的対応が必要といわれる。近隣県同士がうまくつきあうことが重要であるとすれば、こうした方向での措置も、検討されるべきであろう。広域調整の会議の席では、一定割合の負担への要望も、「持ち込まれ県」から、出されている。これが実現すれば、A県の指導・監督活動にも、一層の気合いが入るはずであるが……。

5　えっ、入っちゃダメなの？

――不法投棄現場への行政立入権限

不法投棄と立入検査　産業廃棄物の年間平均不法投棄量は、約四〇万トンと推定される。年間排出量約四億トン、年間最終処分量約七～八、〇〇〇万トンからみれば、ごくわずかではあるものの、これが、産業廃棄

物に対する社会的不信感を高めている。

産業廃棄物の適正処理を実現すべく、廃棄物処理法によって、行政には、様々な権限が与えられている。産業廃棄物処理業を営もうとする者に対する許可権限、法律違反をした許可業者に対する許可取消権限、処理施設に対する許可権限、不法投棄された物件の撤去を求める原状回復命令権限などである。それらに加えて、行政には、実態を把握するための行政調査権限が与えられることが、通例である。

廃棄物処理法一九条も、行政の立入検査権限を規定する。すなわち、産業廃棄物に関していうと、「事業者や処理業者の事業場、処理施設のある土地・建物に立ち入って、帳簿や廃棄物を必要な限度で無償で持っていくことができる」のである。身分証明書の提示をして行政職員が立入検査を求めた場合、合理的な理由なくこれを拒否した者に対しては、三〇万円以下の罰金刑が用意されている。刑事罰による間接強制にとどまるのであって、抵抗を排除して、むりやり突入することは、許されない。

行政が他人の土地に立ち入るということは、プライバシーの侵害であるから、相手方の任意の協力があれば別であるが、そうでないかぎり、明文の根拠なく軽々に認められるべきものではない。ここで、問題になるのが、一六条違反の不法投棄である。

規定の不備か？　すなわち、一九条は、立入りが可能な場所として、「不法投棄が行なわれた土地」を正面から規定していない。したがって、制度のタテマエからいえば、行政職員は、土地の権原者の承諾がなければ、当該土地に入ることはできないようにみえる。不法投棄がされていることをもって、その土地を「処理施設」とみなすことは、無理である。

もちろん、多くの場合、土地所有者は、一方的被害者であるから、実態の解明と原状回復を期待して、行政に通報するとともに、立入検査を積極的に受け入れるだろう。一九条が不法投棄地への立入権限を規定していないことは、実際には、ほとんど問題はないといえる。ただ、不法投棄がされることを最初から知っていて、それゆえにそれなりの金銭の支払いを受けていたような場合には、規定がないことを逆手にとって、立入りを拒否するという対応も考えられないではない。そうなってみてはじめて、立入権限がないことがわかるのではないだろうか。

もっとも、不法投棄は、それ自体が犯罪になる行為であるから、たとえ、行政が立入りできないとしても、可罰性ありと警察が判断したようなケースでは、捜査令状をもとにして、ガサ入れがされるだろう。警察は、検挙したあと、「行政のいうことをきけ。」と被疑者に指導をするかもしれないが、「後始末」を引き受けるのは、行政であることにかわりはない。強制捜査のあとでは、土地の権原者も、そう強硬な姿勢ではないだろうから、任意の立入りも可能になっているのではあろうが……。

自然保護法は、一般に、一定地域を指定して、そこでの行為規制をしているので、立入検査ができるのは、指定地域内の土地にかぎられる。これに対して、不法投棄は、国土の場所のいかんを問わず、絶対的に禁止されている。オール・ジャパンなのであるから、「一六条に違反してみだりに廃棄物が捨てられた場所」を立入対象場所に追加することが検討されてもよいだろう。

不法投棄地は「事業場」？　なお、環境省は、二〇〇一年五月に出した技術的助言のなかで、法定受託事務である立入検査に関して、不法投棄地を「事業場」に含めて解釈し、廃棄物処理法一九条のもとで立入検査が可能としている。かなり苦しい解釈であるように思われる。

6　越すに越されぬあの峠？
——廃棄物処理法と越境立入検査

警察の場合　テレビや推理小説でおなじみであるが、警察の場合は、たとえば、東京都で発生した事件について、警視庁の刑事が全国に捜査に行くことは、可能である。警察法三六条二項は、都道府県警察は当該都道府県の区域内で権限を行使するという原則を規定する。ところが、同法六一条は、その区域内の関係者の生命・身体・財産の保護や犯罪の捜査に関連して必要があれば、管轄区域外にも権限を及ぼすことができる旨を規定しているのである。

それでは、行政法執行にあたって行政が行なう立入検査はどうであろうか。産業廃棄物の不法投棄を例にして考えてみよう。A県においてなされた不法投棄物件を調査した結果、それが隣のB県内の事業所から排出されたことが判明した。その場合、A県の職員は、B県内の事業所に対して、廃棄物処理法一九条にもとづく立入検査をすることができるのだろうか。ただし、同法には、警察法のような規定は、存在しない。

肯定説と否定説　考え方は、二通りあろう。第一は、肯定説である。「この法律の施行に必要な限度において」と規定する一九条の解釈上、隣県にある事業者に措置命令などを出すために隣県内の事業場に立ち入って調査をする必要はあるとする。ただ、実務上は、隣県担当課への事前通知など運用上の手続整理をすればよいだけとする考え方である。

第二は、否定説である。すなわち、そうしたことが必要であったとしても、警察法のような規定がない以上、あくまで自区域内での物理的権限行使なのであり、法律上は立入権限はない。したがって、立ち入るとしても、それは、あくまでも任意でしかできず、必要ならば、個別法を改正して権限を作り出すしかないとする考え方である。

実務は否定説？　実務上、「越境立入検査」は、不法投棄などに対する迅速な対応には必要であり、実際にも、行なわれている。そうした場合、これまでは、A県の職員は、B県の担当職員に依頼して同行させてもらっていたことが多いようである。これは、おそらく、第二の考え方にもとづいた実務であろう。連絡だけして立入検査をするという実務運用をしているところでも、あくまでそれは、相手方の任意によるとしている。B県の職員には、廃棄物処理法一九条によって、立入権限があるが、A県の職員にはそれはないとされているために、立入対象に了解してもらって「立入検査」をするという整理をしていたのである。したがって、拒否されても、立入検査拒否罪にはならない。

A県内での不法投棄であるから、たとえ投棄者がB県にいても、A県知事は、措置命令を出すことは可能である。ただ、その前提として、立入検査による調査ができないというのは、不合理である。隣県で起こった事件について、B県知事は、大して真剣にはならないのではないだろうか。

処理基準による整理　肯定説に立って立ち入ることもできよう。行政調査と司法捜査は性質が異なると考えるのである。ただ、拒否に刑罰がからむことを考えれば、権限行使に必要なかぎりで他県への立入権限を明示的に認めるように法改正をすることが、適切である。行政庁には、法律にもとづく監督権限行使のために「必要かつ十分」な権限が与えられるべきという前提に立つと、行政区域内でしか権限行使ができなくなっているようにみえる現行法の規定は、不十分ということができる。廃棄物処理法の二〇〇〇年改正で、マニフェスト制度が強化され、排出事業者が原状回復の措置命令の対象となる場合が増えたことを考えると、余計にそのように感じる。なお、環境省は、二〇〇一年五月に出した技術的助言のなかで、立入検査対象となるのは、「当該都道府県の区域内にあるものに限られないこと。」として、肯定説に立つことを明らかにしている。

条例では可能なものも　法律レベルでは、以上のような整理になるのだろうが、自主条例の場合には、必ずしもそうではない。たとえば、二〇〇〇年六月に制定された「大口町地下水の水質保全に関する条例」（七四頁参照）は、町内外で採取された土砂による砂利採取跡地などの埋戻しを届出制にしているが、土砂のサンプル調査のため、採取先が町外にあるときには、町職員は、そこに立ち入ることができるとしているのである。検査拒否には罰則があるが、検察庁との事前協議においては、特段の問題は指摘されていない。

7　タテマエとの訣別
――廃棄物処理法二〇〇〇年改正法

産業廃棄物法制の完成？　廃棄物処理法が、二〇〇〇年六月に改正された。一九七〇年の公害国会で制定された同法であるが、その後、一九七六年、一九九一年、一九九七年と、重要な改正を受け、そして、今回の改正である。とりわけ、最近の一〇年間に、実に三度の大改正があったことは、環境法としては、きわめて異例である。執行にあたる現場自治体の混乱には、かなり大きなものがある。

今回の改正に向けての作業は、何と一九九七年の改正の直後から開始されている。課題の大きさに比べて、一度に対応できることには限度があるということであろうか。こうしたプロセスに、厚生省（当時）の怠慢を感じるか、改正に抵抗する勢力の政治的影響力の大きさをみるか、評価は、様々であろう。いずれにせよ、「五段階ロケット方式」を経て、廃棄物処理法システムの整備は、「とりあえずの終着駅」に着いたといわれる。年々深刻化する産業廃棄物問題を考えれば、何と長い旅であったかと感じざるをえない。

やっと実現したブレーク・スルー　ところで、一九九七年改正法までの議論で、どうしても破れなかった壁が、今回の改正で、ようやく突破された。それは、排出事業者責任の強化である。廃棄物処理法一一条（旧一

○条）は、排出事業者に産業廃棄物の処理責任を課しているが、これまで、それは、許可業者に適法委託すれば全うされると考えられていた。したがって、たとえば、委託した許可業者が不法投棄や不適正処理をして生活環境に影響を与える事態をもたらしても、契約内容が委託基準にかなった適法なものである以上は、どうしようもなかったのである。

こうした法政策に対しては、廃棄物処理法旧一〇条の排出事業者責任原則が十分に貫徹されていないという批判が強かった。しかし、当時の厚生省は、（論理の問題ではなく、理由は政治的なものかもしれないが、）「許可業者に委託したのに責任を負うとなれば、誰を信じればよいのか。」という産業界の言い分を、崩せずにいたのである。

「許可業者は必ずしも信じられない」　契約関係上、優位に立っているとされる排出事業者は、廃棄物の適正処理に対する認識の不十分さから、処理料金の値引きを要求することが、少なくない。これに対し、産業廃棄物処理業者は、その要求を断れないという実態があった。委託基準のなかには、「適正処理が可能な適正料金が支払われること」は含まれていないので、事実上、不法投棄するしかないような低価格で契約を締結しても、排出事業者の責任はなかったのである。

二〇〇〇年改正法は、「許可業者は必ず信じられる。」というタテマエを捨て、排出事業者に対して、より優良な処理業者を選択するようなインセンティブを制度化した。すなわち、処分者に能力がなかったり不十分にしかできないときにおいて、排出事業者が原状回復を求める行政命令の対象となる場合を、次のように拡大したのである。①所定の期間内にマニフェストの返送がない場合に適切な措置を講じなかった場合、②適正な対価を負担していない場合、③処理基準違反行為が行なわれることを知り、または、知ることができた場合。

許可制に対する誤解　許可制とは、とりあえず適法に行為ができることを行政的に確認するものであり、許可を受けた者が違法行為を絶対にしないことを保証するものではない。無許可業者ほどには悪くないという程度なのであって、考えてみれば、おかしなタテマエだったのである。「それでは、誰を信じればよいのか。」といわれれば、「それは、ご自分でお探し下さい。」というしかない。産業界の言い分は、許可制に対する誤解にもとづくものであった。

これまで、排出事業者は、過度のディスカウントを求めていたこともあっただろう。契約料金では、適正処理など無理だということを知っていた場合も多いのではないだろうか。今後は、そうしたことが、原状回復責任に直結するのである。優良な許可業者に仕事が集まり、悪質業者が市場において淘汰されることが期待される。企業体力をつけるための統合・合併もあることだろう。

ボールは都道府県に　こうしたシナリオを実現するのに不可欠なのが、都道府県による的確な執行である。今回の法改正は、都道府県が従来から求めていた方向でもある。産業廃棄物処理料金に関する情報を十分に収集・分析するとともに、原状回復命令をかけるにあたってのマニュアルを整備することが、是非とも必要である。今や、ボールは、都道府県側に投げられた。

政策法学ライブラリイ　刊行にあたって　2001年6月

世の中は構造改革の時代である。われわれは既存の発想を変え、制度を変えて、未知の課題に新しく挑戦しなければ沈没してしまう時代になった。法律の世界では、法制度を塗り替える政策法学の時代が来たのである。

わたくしは、かねて解釈学だけではなく、こうした政策法学を提唱して、種々提言を試みてきた。日本列島「法」改造論のつもりである。往々にして、変人とか言われても、「変革の人」のつもりであったし、「時期尚早」と言われても、死後ではなく、生きているうちに理解して貰えるという信念で頑張ってきたが、ようやく認知される時代がきたと感じているところである。

このたび、信山社では、これをさらに推進すべく、「政策法学ライブラリイ」を発刊することになった。商業出版の世界ではたしてどこまで成功するかという不安はつきないが、時代の先端を行くものとして、是非ともその成功を祈りたい。このライブラリイを舞台に、多くの法律学研究者がその仕事の比重を解釈論から政策論に移行させ、実務家も、同様に立法論的な解決策を理論的な基盤のもとに提唱し、実現することが期待される。

政策法学ライブラリイ編集顧問
神戸大学大学院法学研究科教授　阿部泰隆

「このような世の中になればいい」と、人は、考えることがある。そうした想いが、集まり、議論され、ひとつの政策が形成される。それを実現するための社会の重要な手段が、法律である。

法律は、真空状態のなかで生成するものではない。社会の動きに反応し、既存法を否定・補完・改革し、新たな発想を包み込み、試行錯誤を繰り返しながら、生まれ、そして、育っていくのである。

地方分権や規制改革の流れは、社会の変革を、思いのほか速くに進めることだろう。それを十分に受け止めて対応する法学がなければ、新世紀の法治主義社会の実現はありえない。実定法の後を追うだけの視野の狭い法学では、荷が重い。今こそ、合理的な政策とそれを実現するための制度を正面から研究対象とする法学が、求められている。

「政策法学ライブラリイ」は、新たな志向を持つ研究者・実務家に門戸を開く。確立した学問的成果があるわけではない。方法論も定まっていない。このライブラリイから発信された議論が、学界や実務界での健全な批判のもとに成長をし、微力であるかもしれないが、社会の発展のためのひとつの確実な力となることを期待したい。

政策法学ライブラリイ編集顧問
上智大学法学部教授　北村喜宣

政策法学ライブラリイ　2
自治力の発想　初版第1刷発行　2001年8月10日
第2刷発行　2002年3月30日

著　者　北村喜宣
発行者　袖 山 貴=村岡侖衛
発行所　〒113-0033　東京都文京区本郷6-2-9-102
TEL 03-3818-1019　FAX 03-3818-0344

印刷・製本　㈱エーヴィスシステムズ

ISBN 4-7972-5281-2-C3332　　装幀　アトリエ 風